· 西北大学“双一流”建设项目资助
（Sponsored by First-class Universities and Academic Programs of Northwest University）
· 教育部人文社会科学研究青年基金项目资助（项目编号：24YJC790224）
（Sponsored by Humanities and Social Sciences Youth Foundation, Ministry of Education）
· 陕西省社会科学基金年度项目资助（项目编号：2024D036）
（Sponsored by Social Science Research Program of Shaanxi Province）
· 陕西省自然科学基础研究计划一般项目资助（项目编号：2025JC-YBQN-977）
（Sponsored by Natural Science Basic Research Program of Shaanxi Province）

新兴经济体
商业银行国际化中的逆向知识溢出研究

原晓惠◎著

中国经济出版社
CHINA ECONOMIC PUBLISHING HOUSE
北京

图书在版编目（CIP）数据

新兴经济体商业银行国际化中的逆向知识溢出研究 / 原晓惠著 . -- 北京：中国经济出版社，2025. 8.
ISBN 978 - 7 - 5136 - 8009 - 7

Ⅰ. F830. 33

中国国家版本馆 CIP 数据核字第 2024RK9221 号

责任编辑　张利影
责任印制　李　伟
封面设计　华　子

出版发行　中国经济出版社
印 刷 者　北京艾普海德印刷有限公司
经 销 者　各地新华书店
开　　本　710mm × 1000mm　1/16
印　　张　11. 75
字　　数　170 千字
版　　次　2025 年 8 月第 1 版
印　　次　2025 年 8 月第 1 次
定　　价　80. 00 元
广告经营许可证　京西工商广字第 8179 号

中国经济出版社　**网址** http://epc. sinopec. com/epc/　**社址** 北京市东城区安定门外大街 58 号　**邮编** 100011
本版图书如存在印装质量问题，请与本社销售中心联系调换（联系电话：010 - 57512564）

前言
Preface

新兴经济体商业银行国际化的迅速发展催生了新兴经济体商业银行在海外市场上如何提升竞争优势这一重要课题。21世纪以来，新兴经济体在全球经济发展中的地位越来越高，新兴经济体企业的对外直接投资（FDI）活动开始迅速增长。然而，新兴经济体跨国企业与发达国家跨国企业在国际影响力和国际竞争力上仍然存在着一定的差距。就商业银行而言，近年来中国、南非、巴西等新兴经济体的银行国际化规模开始迅速扩大，呈现出迅猛的国际化扩张势头，但是在金融创新、经营效率等方面与发达国家大型跨国银行仍有一定的差距。如何在海外市场上提高自身竞争优势，则成为新兴经济体商业银行国际化中的一个重要研究课题。

知识溢出是新兴经济体企业在海外市场获取知识和技术进而提升竞争优势的重要途径，但是目前对新兴经济体企业在海外市场上的知识溢出研究存在着研究空白。首先，以往关于企业FDI活动中的知识溢出研究大多关注外资企业对本土企业的知识溢出，尤其是发达国家外资企业对新兴经济体本土企业的知识溢出，鲜有研究关注新兴经济体外资企业在海外市场上是否受到一定的知识溢出，即逆向知识溢出。其次，以往关于知识溢出的研究大多以制造业企业为研究对象，对服务业企业，尤其是银行业的知识溢出现象的研究较少。

本书在企业国际化、银行国际化以及知识溢出的相关研究基础上，借鉴以往的研究思路和研究方法，从海外子行层面对新兴经济体商业银行在国际化中的逆向知识溢出进行分析。本书主要包括7章内容。

第1章通过梳理与新兴经济体企业国际化和新兴经济体商业银行国际化相关的实践背景及理论背景，发现对于新兴经济体商业银行而言，在海外市场上如何提升自身竞争优势对于其国际化发展至关重要。

第2章通过对相关理论研究和文献进行梳理，确定了研究的理论基础。首先，通过对传统企业国际化的理论研究的梳理，发现传统企业国际化理论多以垄断优势为核心，强调企业进行国际化前要具备一定的垄断优势。传统企业国际化理论主要以发达国家跨国企业为研究对象，而新兴经济体企业在国际化前并不一定具备垄断优势，反而有可能在海外市场上获得一定的知识和技术，进而提升技术优势和竞争能力。其次，通过对银行国际化的理论研究进行梳理，发现银行国际化中存在着知识密集、人才密集以及生产和消费不可分离等特点，无形资产和知识是银行提高竞争优势的主要来源。最后，通过对知识溢出的相关研究进行回顾，发现FDI活动已成为当前经济全球化趋势下知识溢出的重要途径，基于服务业企业和新兴经济体企业的国际化特点，新兴经济体商业银行在FDI活动中可能存在着一定的逆向知识溢出现象，由此确定了本书的研究问题，并为研究问题的分析提供了理论依据。

第3章对新兴经济体、商业银行国际化以及逆向知识溢出等相关核心概念进行界定，并提出了研究模型。为了对逆向知识溢出现象进行全面系统的分析研究，本书研究分为三个部分：研究一以新兴经济体银行在发达国家市场的海外子行为研究对象，分析新兴经济体银行可能受到的逆向知识溢出；研究二以新兴经济体银行在发展中国家市场的海外子行为研究对象，分析在发展中国家市场，新兴经济体银行是否也受到一定的逆向知识溢出；研究三以所有海外子行为研究对象，分析海外子行对新兴经济体母行可能的逆向知识转移，即反哺效应。

第4章对研究一提出理论假设，并进行实证分析。本书将新兴经济体银行可能面对的知识来源分为三类：当地银行、发达国家外资银行以及新兴经济体外资银行，并假设发达国家当地银行对其存在正向的逆向知识溢出，而发达国家外资银行和其他新兴经济体对其存在负向的竞争效应。此外，考虑到知识溢出一般是嵌入在制度环境中的，本书加入母国与东道国之间的制度距离，考察制度距离对不同知识溢出效应的调节作用。

第5章对研究二提出理论假设，并进行实证分析。本书以发展中国家作为东道国市场，分析新兴经济体银行在发展中国家市场的逆向知识溢出。从知识类型来看，发展中国家的逆向知识溢出以制度型知识溢出为主，即新兴经济体银行通过逆向知识溢出达到制度学习和本土化的目的。本书同样将新兴经济体银行可能面对的知识来源分为三类：当地银行、发达国家外资银行、新兴经济体外资银行，并分析不同知识来源对逆向知识溢出的影响。此外，本书还考察制度距离对不同知识溢出效应的调节作用。

第6章对研究三提出理论假设，并进行实证分析。本书以所有海外子行为研究对象，分析海外子行对新兴经济体母行可能的反哺效应。根据以往文献研究，逆向知识溢出有两个必不可少的步骤：一是海外子行在海外市场获取一定的逆向知识溢出；二是海外子行将所获取的知识转移给母行，以提升母行整体的效率水平。本书将海外子行分为两类：在发达国家市场的海外子行和在发展中国家市场的海外子行，分别考察海外子行对新兴经济体母行的反哺效应，并分析制度距离对反哺效应的调节作用。

第 7 章对研究结果进行总结归纳，对理论贡献、实践启示和研究不足与研究展望都进行了总结。在理论贡献上，本书对企业国际化理论发展、FDI 活动中的逆向知识溢出研究、服务业企业的知识溢出研究、强调制度环境对知识溢出的影响和对知识溢出不同知识来源的分析等都有一定的补充与拓展。基于新兴经济体银行国际化实践，本书的研究结论对新兴经济体银行的实践启示主要体现在利用跨国并购的机会、重视人力资本、提高风险管理水平和提高综合化水平等方面的指导与建议上。

由于笔者水平有限，本书难免存在不足，期盼有关专家和读者批评指正。

原晓惠

西北大学

2024 年 6 月

目录
Contents

1 绪论

1.1 研究背景

1.1.1 实践背景

（1）新兴经济体 FDI 活动增长较快

20 世纪 80 年代以前，发展中国家的对外直接投资活动对于全球 FDI 活动而言是微不足道的。1979—1981 年，发展中国家年均 FDI 流量只有 13 亿美元，占全球 FDI 流量的 2.3%。20 世纪 80 年代以后，随着亚洲新兴工业化国家和地区的经济发展与推动，新兴经济体企业的 FDI 活动开始迅猛增长。到 2005 年，新兴经济体企业的 FDI 流量占全球 FDI 流量的 13.8%。自此之后，新兴经济体在全球经济发展中处于越来越高的地位，越来越多的新兴经济体出现在全球经济总量排名的前 20 以内，在经济发展速度方面，新兴经济体大多超过了同期发达国家的水平。根据联合国《2024 年世界投资报告》，新兴经济体 FDI 流量在 2023 年达 9160 亿美元，占全球 FDI 总流量的 70%（UNCTAD，2024）。

虽然新兴经济体企业的 FDI 活动实现了迅速增长，但美国、西欧等发达国家的跨国企业仍然是全球跨境投资的重要主导力量。发达经济体企业作为国际投资市场上的“先来者”，拥有较丰富的跨境经营经验和能力，在国际化经营方面有着得天独厚的竞争优势。在当今的国际市场上，高附加值和知识密集型的产业或经济活动往往集中在发达国家的跨国企业中，不少新兴经济体企业从事的产业或经济活动都是低附加值与标准化的生产和服务活动（Gereffi，1999；Ernst & Kim，2002）。新兴经济体企业作为国际市场上的后来者，不仅缺乏足够的国际化经验，企业自身的竞争优势也较弱（Luo & Tung，2007；Cuervo－Cazurra & Genc，2008）。

新兴经济体企业的国际化实践与发达国家的跨国企业相比有一定的特殊性。首先，随着经济全球化的深入，贸易自由化和投资便利化程度大大提高，技术革命日新月异，企业间商品、资本和信息等要素的流动性不断增强，全球市场一体化的趋势为新兴经济体企业国际化提供了一个更为扁平的世界。在这样的环境下，新兴经济体企业的国际化速度也随之加快，甚至出现了不少天生全球化企业（杨忠等，2007；Deng et al.，2017）。其次，新兴经济体企业在国际化过程中，不仅面临较严峻的外来者劣势，作为国际市场上的“后来者”还面临着更大的困难。新兴经济体企业的核心能力大多不是建立在先进的技术或者品牌差异化基础上，而是建立在成本优势和价格竞争上的。因此，当在发达国家市场进行对外直接投资时，这些企业不仅面临着文化和制度环境的差异，而且面临着与竞争对手在技术和管理技能上的差异。最后，由于上述的竞争劣势和国际市场形势，新兴经济体企业为了快速提高自身竞争优势，可能会通过跨国并购、战略联盟以及其他组织创新的方式进行国际化，以借助与整合外部资源来实现企业内部资源的积累和增长，进而建立起应对全球竞争的资源和技术基础。

基于新兴经济体企业 FDI 活动的迅速增长和新兴经济体企业在国际化时面临的“后来者”劣势，分析新兴经济体企业 FDI 活动时就不能用传统企业国际化理论去解释其国际化实践。作为国际市场上的“后来者”，新兴经济体企业如何快速提高竞争优势就成为其国际化发展的一个重要课题。

（2）新兴经济体商业银行国际化发展特点

在当今分工经济的网络中，以知识为主导的服务业已经逐渐成为将其他产业联结起来的黏合剂，以及经济和社会发展的重要基石。随着服务业企业在全球经济中的地位不断提高，服务业企业 FDI 活动也不断增加，逐渐成为全球对外直接投资活动的主导力量（UNCTAD，2024）。商业银行作为服务业企业，其 FDI 活动也不断受到国内外学者的密切关注。近年来，新兴经济体银行业的国际化开始迅速增长，势头虽猛，但是在国际竞争力和影响力上与发达国家跨国银行还有一定的差距。

20 世纪 70 年代以后，随着新兴经济体经济发展水平的快速提高，国际贸易和企业的 FDI 活动也日益增加，新兴经济体银行业的国际化也开始逐渐崭露头角。新兴经济体商业银行国际化的初期大都是在各个国际金融中心设立海外分支机构。20 世纪 90 年代以来，随着拉美、亚洲、中东、欧洲等新兴经济体开始对银行业实施对外开放政策，不仅吸引了发达国家银行业对新兴经济体市场的大量投资，也推动了新兴经济体银行业的国际化发展。1997 年的亚洲金融危机使得亚太地区不少银行都陷入了经营危机。随着亚太地区各国家和地区对银行系统的重建与不良资产的处置，金融危机的影响逐渐被解除，亚太地区的新兴经济体市场开始呈现出旺盛的经济增长态势。2003 年以后，亚太地区的经济增长率一直保持在 6% 以上，高于同期的欧洲、拉美和中东地区。高速持续的经济增长反映了亚太地区潜力巨大的金融市场，不仅吸引了大量外资银行和国际资本的涌入，也为新兴经济体银行业的国际化提供了动力。

21 世纪以来，新兴经济体商业银行的国际化发展开始迅速增长。以金砖国家为例，截至 2014 年底，中国银行业的海外总资产已达到 1.5 万亿美元，海外分支机构达 1200 多家，覆盖全球 53 个国家和地区；巴西银行的快速成长和发展规模为其国际化提供了有利条件，目前在全球各大金融中心都能看到巴西银行的子行、分行或代表处；俄罗斯储蓄银行作为俄罗斯最大的商业银行，在 2008 年国际金融危机后开始积极开展海外并购，目前在欧洲大陆上总资产排名第 3；印度国家银行作为印度规模最大的银行，目前在全球 36 个国家或地区拥有 190 个海外分支机构，在国际化的发展上形成了较大的发展规模；南非商业银行凭借其在非洲大陆的竞争实力和影响力，在非洲其他国家的海外扩张取得了一定的成就，目前南非最大的银行——南非标准银行，在非洲 18 个国家共有 713 个分支机构，在非洲以外的 19 个国家共有 240 个分支机构。

虽然新兴经济体商业银行的国际化步伐不断加快，但是在国际影响力和竞争实力上与发达国家的跨国银行仍具有一定的差距。首先，新兴经济体的大型商业银行多为国有银行，例如，中国的四大国有银行、巴西银行、印度国家银行、俄罗斯储蓄银行、南非标准银行等。这些大型国有银行不仅在国内银行业的资产规模上占有主导性地位，在银行业国际化时也是国内银行业的主导力量。其次，这些新兴经济体银行凭借政府的支持在国际化发展上有较大的规模，但其国际影响力普遍较弱，距大型国际化银行的标准还有一定差距。例如，俄罗斯储蓄银行的国际影响力以俄罗斯和东欧地区为主，而巴西银行的海外分支机构的分布以国际金融中心为主等。再次，由于国有控股存在弊端，新兴经济体商业银行大多存在经营机制不完善、经营效率较低等问题，金融业和银行业的经营发展受政府管制较多，进而限制了银行的金融创新能力和提高经营效率的动力。最后，新兴经济体跨国银行的海外业务份额和海外利润占比普遍较低，而且存在着业务模式单一、国际竞争实力较弱等特点。

从目前新兴经济体商业银行的国际化实践可以看出，近年来，新兴经济体银行业无论是在国际化规模还是在国际化速度上都有着迅猛的发展势头。然而，由于母国制度环境、政府管制以及银行自身国际化经验不足、创新能力弱、经营效率低等因素，新兴经济体银行与发达国家的大型跨国银行在国际化影响力和竞争力上都有着一定的差距。鉴于新兴经济体商业银行国际化的迅速发展、与发达国家大型跨国银行的技术差距和效率差距，新兴经济体商业银行在海外市场上如何提升自身竞争能力则成为一个重要的课题。

1.1.2 理论背景

从20世纪50年代美国跨国企业的发展到当今经济全球化的趋势，学界为了深入了解企业国际化的现象，展开了一系列企业国际化相关的理论研究。早期Hymer（1976）提出的垄断优势理论为企业国际化动机的理论研究奠定了重要基础。Vernon（1966）的产品生命周期理论、Buckley和Casson（1976）的内部化理论在垄断优势理论的基础上实现了进一步拓展。Dunning（1988）的国际生产折衷理论对跨国企业的垄断优势进行了更具体的分析。虽然这些理论研究为分析跨国企业的海外扩张动机提供了丰富的理论依据，但是它们大都基于发达经济体企业的海外扩张现象展开分析，在探讨企业的 FDI 活动时往往将其视为企业为了发挥自身垄断优势而进行的跨境投资行为。这种垄断优势可能源于企业独特的技术优势、优越的资金来源或先进的管理理念等，这些优势构成了企业 FDI 活动的重要基础。

但是随着国际市场上新兴经济体企业 FDI 活动的蓬勃发展，企业国际化开始呈现新的特征。许多中小企业，特别是新兴经济体市场中的一些企业，尽管缺乏传统意义上的资源和能力，甚至不具备明显的垄断优势，却也在经济全球化的推动下积极投身于对外投资活动。这些新兴经济体企业的 FDI 活动并非仅仅为了发挥自身的垄断优势，而是更多地寻求在海外市场上获取新的知识和技术资源。通过与国际市场的互动和融合，这些企业能够学习到先进的经营理念、管理技巧和技术、知识，进而提升自身的国际竞争力。对于部分新兴经济体企业而言，FDI 活动更多的是一种学习、适应和成长的过程。这些企业通过对外投资，不仅能够在全球范围内寻找新的发展机遇，还能够不断积累经验和资源，为自身的长期发展奠定坚实基础。针对新兴经济体企业国际化的特殊性，不少学者对传统企业国际化理论进行创新和修正，提出一系列新的理论或框架以解释新兴经济体企业国际化的行为，如小规模技术理论、LLL 模型、知识寻求型国际化理论和基于制度观的企业国际化理论等。

基于知识和技术在新兴经济体企业国际化中的重要性，不少学者对企业 FDI 活动中的知识溢出现象进行分析研究。然而，目前对企业 FDI 活动中知识溢出的研究主要聚焦于发达国家外资企业对新兴经济体本土企业的知识溢出现象（Spencer，2008；Zhang et al.，2010；Deng et al.，2011；Wang et al.，2012），鲜有研究关注新兴经济体外资企业在海外市场上的逆向知识溢出。以往研究虽然考虑到了发达国家外资企业和新兴经济体企业在资源禀赋上的差异，但是随着新兴经济体企业 FDI 活动的迅速发展，知识溢出是新兴经济体企业获取技术信息与其他无形知识的重要途径，新兴经济体企业作为 FDI 活动主体时在海外市场是否受到一定的逆向知识溢出则成为新的重要研究问题。

从知识溢出发生的必要条件来看，新兴经济体外资企业在海外市场，尤其是发达国家市场，很可能受到当地企业的知识溢出。首先，企业间地理位置的邻近性对知识溢出的发生具有显著的推动作用（Funk，2014）。相较于发达国家企业，新兴经济体企业在资源、知识和技术积累上往往处于相对劣势（Hitt et al.，2000）。因此，当新兴经济体企业开展海外投资时，若能与发达国家企业形成地理上的紧密邻近，则更有利于其捕捉和吸收先进的知识与技术资源，从而促进自身的发展。其次，技术差距亦是促进知识溢出效应显现的关键因素（Findlay，1978）。这种差距体现在企业间的知识、技术、资源等多个维度上。当技术差距较大时，对于技术相对落后的企业而言，技术领先的企业往往拥有更多对其具有潜在价值的知识和技术。这种差距的存在，为落后企业提供了强大的学习动力，进而促进了知识溢出效应的发生。

在探讨企业 FDI 活动中的知识溢出问题时，当前研究呈现出一定程度的局限性。一方面，逆向知识溢出现象鲜少被纳入研究领域，在一定程度上制约了我们对知识流动全貌的理解；另一方面，现有关于知识溢出的研究往往聚焦于制造业企业，而对服务业企业，特别是银行业在国际化进程中的知识溢出效应，尚缺乏足够的探讨和关注。回顾现有文献，针对银行国际化的研究主要聚焦于动因分析（Buch & Lipponer，2007）、海外市场的区位选择策略（Focarelli & Pozzolo，2005）以及海外市场进入方式（Ball & Tschoegl，1982；Erramilli，1991）等。然而，这些研究往往忽略了国际化进程中知识溢出的潜在影响及其机制。鉴于知识和技术在新兴经济体企业，尤其是服务业企业国际化进程中扮演的关键角色，我们有必要对银行业国际化中的知识溢出效应进行更为深入的探索。特别是，新兴经济体商业银行在 FDI 活动中的逆向知识溢出，不仅有助于揭示知识流动的新路径，还能为理解银行业的国际化策略提供新的视角。因此，本书旨在从银行国际化的视角出发，系统探讨新兴经济体商业银行在 FDI 活动中逆向知识溢出的机制与影响。

1.2 研究问题

在上述实践背景以及理论现状评析的基础上，本书将围绕以下三个方面的问题展开研究。

一是新兴经济体商业银行在发达国家市场进行FDI时的逆向知识溢出研究。现有文献对新兴经济体企业在国际化中的特殊性缺乏足够的关注，关于企业FDI活动中的知识溢出的研究大多聚焦于发达国家外资企业对新兴经济体本土企业的知识溢出，而鲜有研究会关注新兴经济体企业进行FDI时的逆向知识溢出现象。本书在回顾和综述现有文献的基础上，从企业间地理相邻性、技术差距等方面分析新兴经济体商业银行在发达国家海外市场上可能受到的知识溢出，并从知识溢出来源、知识溢出的制度环境等方面分析逆向知识溢出可能受到影响的因素。

二是新兴经济体商业银行在发展中国家市场进行FDI时的逆向知识溢出研究。为了全面分析新兴经济体商业银行在海外市场的逆向知识溢出，并考察不同海外市场区位选择对逆向知识溢出的影响，本书也分析了新兴经济体商业银行到发展中国家海外市场时逆向知识溢出发生的可能性，同时从知识溢出来源、知识溢出的制度环境等方面分析逆向知识溢出可能受到影响的因素。

三是海外子行对新兴经济体母行的反哺效应。根据以往文献回顾，FDI活动中的逆向知识溢出有两个必不可少的步骤：首先是海外子行在海外市场获取到逆向知识溢出；其次是海外子行将获取到的知识转移到在母国市场的母行，进而为母行的效率提高提供支持。因此，本书对海外子行向母行的反哺效应进行考察，分析不同海外市场的子行的反哺效应是否有一定的差异，并同时考察制度环境对反哺效应的影响。

1.3 研究意义

1.3.1 实践意义

本书通过分析新兴经济体商业银行国际化中的逆向知识溢出现象，对商业银行国际化和新兴经济体企业 FDI 活动具有以下两个方面的实践意义。

第一，通过对 FDI 中的逆向知识溢出进行分析，对新兴经济体企业国际化中的区位选择和市场进入模式选择有一定的借鉴意义。由于新兴经济体经济发展水平和国际地位的不断提升，越来越多的新兴经济体企业开始走出国门，进行海外投资，在国际市场的舞台上提升自己的竞争实力。作为国际市场上的新进入者，新兴经济体企业虽然与发达国家企业在技术、知识、管理等方面有着显著的差距，但是经济全球化的趋势和新兴经济体企业 FDI 活动的不断增加也为企业到发达国家市场上通过模仿学习与合作等方式获取发达国家企业的相关知识及技术资源提供了新的机遇。

第二，以新兴经济体商业银行为研究对象，旨在探索商业银行的国际化战略，对中国商业银行以及其他新兴经济体商业银行的国际化实践有着直接的指导意义和参考价值。当前，中国商业银行“走出去”的愿望越来越迫切，政府也开始给予越来越多的支持。我国“一带一路”倡议的实施也给中国商业银行“走出去”带来了新的机会。相较于发达国家的商业银行，国内的商业银行国际化经验不足，对国际市场的变化难以预测和把握，对东道国市场的区位选择和海外子行的市场定位也不清晰。本书通过分析新兴经济体商业银行在不同东道国市场上的知识溢出现象，在一定程度上能够帮助新兴经济体银行答疑解惑，制定好积极而稳健的国际化战略。

1.3.2 理论意义

本书的理论意义和潜在理论贡献主要体现在以下几个方面。

第一，基于新兴经济体企业国际化的特点，对新兴经济体企业的 FDI 活动进行分析研究，强调知识溢出和制度距离对新兴经济体企业国际化的重要性，对传统企业国际化理论进行了一定的拓展和创新。新兴经济体企业国际化实践中的特殊性为传统企业国际化理论带来了新的挑战和发展方向，本书通过考察新兴经济体企业在 FDI 活动中的逆向知识溢出效应，突出了新兴经济体企业国际化的特殊性，为企业国际化理论创新做出了一定贡献。

第二，本书通过分析 FDI 活动中的逆向知识溢出现象，对 FDI 活动中的知识溢出研究具有一定的理论贡献。在企业 FDI 活动中，知识或技术不仅可以从外资企业溢出到本土企业，还可以从本土企业溢出到外资企业，即 FDI 活动中的知识溢出具有双向性（Liu et al.，2000），但是目前关于 FDI 活动中的知识溢出研究大多关注外资企业对本土企业的知识溢出（Buckley et al.，2007a；Spencer，2008）。本书通过分析逆向知识溢出现象，对 FDI 中的知识溢出相关研究具有一定的补充价值。

第三，以商业银行为研究对象分析逆向知识溢出，突出服务业企业国际化的特殊性。目前，关于知识溢出的实证研究主要以制造业企业为研究对象，对服务业企业的知识溢出研究较少（Girma & Görg，2007）。基于服务业企业人才密集、信息密集以及知识无形性等特点，本书对商业银行国际化中的逆向知识溢出进行分析，填补服务业企业间知识溢出的研究空白。

第四，通过分析制度距离对逆向知识溢出的调节作用，考虑到了知识和知识溢出的环境局限性，强调制度环境对知识溢出发生的重要性，对知识溢出的相关研究具有一定的理论贡献。知识和知识溢出都受到所处的制度环境的制约（Mishkin & Clover，2014）。制度距离作为企业母国与东道国之间的制度环境差异，会增加逆向知识溢出的难度。本书通过分析制度距离对逆向知识溢出的调节作用，突出制度环境对知识溢出的重要性，对知识溢出的研究具有一定的贡献。

第五，对不同知识来源的逆向知识溢出分别进行理论和实证分析，在知识溢出的实证分析上具有一定的创新之处。目前，关于知识溢出的研究大多分析企业受到的知识溢出的总和，鲜有研究分析不同知识来源企业的知识溢出是否存在一定的差异。本书将新兴经济体银行在海外市场上面对的知识来源银行分为当地银行、发达国家外资银行以及其他新兴经济体外资银行三种类型，分别探讨其逆向知识溢出，在知识溢出的实证分析上具有一定的创新之处。

1.4 研究方法

本书从企业国际化和知识溢出的基本理论出发，将管理学、金融学等相关学科的理论知识结合起来，有目的地选择研究样本，结合理论模型，进行相关的实证研究。通过理论分析和实证研究相结合的方法，既从理论上对新兴经济体银行受到的逆向知识溢出现象进行分析，又从实证上对新兴经济体银行海外子行的相关数据进行实证分析，二者相辅相成，保证了研究的科学性和严谨性。

1.4.1 文献分析法

文献分析法是指通过阅读和整理大量的文献，全面系统地掌握在研究问题相关领域内前人研究的内容、思路、方法以及研究缺口等。通过文献分析法，可以明确研究思路，发现研究中存在的可填补的研究缺口，并在确定研究问题的基础上梳理理论分析的思路，为研究问题的深化提供了理论依据。本书通过对传统企业国际化理论、银行国际化理论、知识溢出以及新兴经济体企业国际化的相关研究进行归纳总结，提出了新兴经济体企业国际化中逆向知识溢出的研究问题，并以新兴经济体商业银行为研究对象，对不同海外市场、不同知识溢出来源、不同制度环境等情况下的逆向知识溢出的研究进行具体探索。

1.4.2 调研访谈法

在研究问题的确定上，本书不仅收集了大量关于知识溢出和银行国际化的文献资料，从理论上发现了在 FDI 中逆向知识溢出方面的研究空白，而且通过一系列与各大商业银行经理的访谈资料，为研究问题的确定提供了实践基础，并使研究问题进一步具体化。本书的访谈穿插整个研究过程，不仅为研究问题的提出提供了大量的实践支持，也为研究假设的提出和分析提供了新的依据。

2014 年 11 月，通过与中国建设银行某经理的访谈，笔者了解到中国商业银行进行海外扩张时更倾向于设立子行，以金融主体的形式进行国际化；发达国家银行在产品创新和管理方面都有很多值得新兴经济体银行借鉴学习的地方；外资银行与当地银行有着较为密切的联系和互动机会，如同业拆借等业务方面的往来；中国商业银行在海外的分支机构大多通过雇用当地员工以拓展当地业务，从发达国家的当地银行吸引高端人才（如高级经理等）的现象也较为普遍；银行不论在母国市场经营还是在海外市场经营，受制度环境的约束都较为严重，因此制度距离对于银行在海外市场的经营发展影响较大。通过此次访谈，笔者认识到发达国家银行在管理和产品创新等方面有值得中国商业银行学习借鉴的地方，而且中国商业银行的海外子行可以通过业务往来和人才流动等从当地银行获取知识溢出；此外，制度环境对银行业经营发展至关重要。

在 2014 年 12 月与中国农业银行某经理的访谈中，本书进一步确认了发达国家银行在产品创新和管理方面具有一定的优越性，中国商业银行与当地银行存在业务往来，人才流动和制度环境对银行发展十分重要，并了解到中国商业银行目前的国际化发展以跟随客户型战略为主；海外子行的产品创新和管理体系以母行转移的信息与技术为主，而海外子行对母行层面的知识转移与逆向创新可能需要较长时间的积累。由于本书的研究对象为新兴经济体商业银行，为了确定在中国商业银行访谈中所获取的信息与其他新兴经济体国家银行的实践是否吻合，笔者通过在《金融时报》等阅读相关的银行高管访谈报道，并于 2015 年 10 月与巴西银行负责美国市场业务的某经理进行访谈，发现在其他新兴经济体国家银行的国际化实践中，也存在着类似的现象和特点。至此，本书的研究框架初步形成。

此后，在本书的研究过程中，通过与各商业银行的访谈，进一步优化了研究模型，并促进了研究假设的创新。在 2016 年 9 月与中国工商银行某经理的访谈中，笔者发现中国商业银行在业务综合化水平、风险管理、产品创新等方面与发达国家银行存在着较大的差距；新兴经济体商业银行近年来的国际化势头虽猛，但是从整体上看其国际影响力和竞争实力较弱。2016 年 10 月，在与德意志银行某经理的访谈中，笔者发现发达国家银行（如汇丰银行、花旗银行、德意志银行等）不仅在国际化的发展上有较为完善和全面的全球网络布局，而且在海外市场的经营上往往存在较强的本土化能力，在母行与海外子行、海外子行间的关系上都存在着较强的协作能力。据悉，目前德意志银行在中国市场的业务中，除了为德国企业在中国市场的 FDI 提供金融服务，还有 1/3 的业务涉及为中国当地企业的国际化提供金融服务。与发达国家的大型国际银行相比，新兴经济体跨国银行的本土化服务水平较低。这些访谈为本书研究模型的设计和研究假设的论证提供了新的视角与现实依据。

1.4.3 随机前沿分析方法（SFA）

为了分析 FDI 活动中的知识溢出，以往研究多采用全要素生产率水平作为企业层面的因变量进行实证分析（Aitken & Harrison，1999；Tian，2007；Zhang et al.，2010）。企业生产率水平一般被定义为企业将投入转换为产出的效率，以往关于银行业生产率的研究一般采用银行效率的概念（Berger & Mester，1997；Lozano – Vivas & Pasiouras，2010；Gaganis & Pasiouras，2013）。以往研究对银行效率水平最常用的测量方法有两种：SFA 和数据包络分析方法（DEA）。DEA 作为非参数估计方法，并不要求事先设定投入和产出的生产函数，适用于多投入、多产出的决策问题。但是，由于不考虑随机误差，采用 DEA 估计银行效率时无法区分无效率项和随机误差，估计结果存在一定的偏差。此外，DEA 只考虑银行投入产出的数量而忽略其价值，也就是在进行效率估算时，同等条件下产出量较小的银行即使单位产出价值较高，也会被认为是低效率的（Berger & Mester，1997）。DEA 也容易受到投入产出指标个数的影响，指标个数的增减对于效率估算结果的影响较大。相对于 DEA，SFA 不仅能够考虑随机误差的影响、银行投入产出的价值或成本，而且能够测量每个样本银行在样本期内每个时间点上的效率值，为银行效率的跨年份比较提供了依据（顾乃华、李江帆，2006）。因此，本书采用 SFA 对银行效率进行分析估算。

在确定银行效率测量的投入产出指标时，一般采用生产法、中介法和资产法三种方法。生产法把银行看作普通的生产类企业，银行为客户提供的信贷服务、流动性资金等则是银行的产品。生产法认为，银行在经营中必不可少的净支出项目是银行的投入，如固定资产、财务投入以及人力资本投入等相关费用，而能为银行创造利润的项目则是产出项，如信贷资金。生产法在界定银行的生产和投入指标的标准上过于简单。中介法把银行看作将投入转换为有价值产出的中介机构。中介法一般将银行投入指标分为生产投入成本和资金投入成本两类，生产投入成本包括劳动力和固定资产的投入成本，而资金投入成本是指资金的利息成本；产出指标多为银行的贷款金额和其他盈利性资产等。中介法由于考虑了投入指标的价格因素，相对而言更加科学合理。资产法与中介法类似，但是将银行存款看作投入指标，而将贷款和投资看作产出指标。在对银行效率水平的以往研究中，对于银行存款应该是投入还是产出指标存在着较大的争议。综合考虑生产法、中介法和资产法三种方法，借鉴以往关于银行效率水平的实证研究，本书采用中介法作为测量银行投入产出指标的方法。

1.4.4 针对面板数据的固定效应模型

本书从 Bureau van Dijk Bankscope 数据库、世界银行数据库、美国传统基金会数据库和国际劳工组织数据库等收集了银行层面与国家层面的相关数据。由于第 4、第 5、第 6 部分的样本数据均为非平衡面板数据，本书通过 STATA 软件中的 xtreg 命令对样本数据进行回归分析，并加入年份虚拟变量和国家虚拟变量。为了确保实证分析的科学性和严谨性，减小内生性问题对回归分析的影响，本书对自变量采取了滞后一期的处理，并通过固定效应模型对国家层面和银行层面的组间差异进行一定的控制。在面板数据的回归分析中，Hausman 检验通常用来检验固定效应模型和随机效应模型的适用性，本书在实证分析前的 Hausman 检验验证了固定效应模型对各部分样本数据的适用性。

1.5 研究安排

本书通过以新兴经济体商业银行的海外子行为研究对象，在企业国际化和知识溢出的相关理论研究的基础上，借鉴国内外学者关于新兴经济体企业国际化、企业 FDI 中的知识溢出、银行国际化等研究的相关文献资料以及研究方法等，对新兴经济体银行在 FDI 中的逆向知识溢出进行系统和全面的分析研究。根据此研究思路，本书的研究内容大致可以分为三篇，具体如下。

第一篇：研究问题的提出、理论基础以及研究模型的构建（第 1、第 2、第 3 章）。在这一部分中，本书基于实践背景和理论背景，提出研究问题，并分析本书研究的理论意义和实践意义，对研究内容和研究方法进行安排；针对研究问题收集文献资料和理论依据，对相关的理论研究进行梳理总结，在此基础上界定本书研究的理论基础，并对拟解决的研究问题建立研究框架。

（1）绪论。通过梳理新兴经济体企业国际化相关的理论背景和实践背景，本书发现目前企业国际化的相关研究对新兴经济体企业国际化的特殊性不够关注，进而在新兴经济体企业国际化中的逆向知识溢出研究方面存在着大量空白，尤其是在新兴经济体商业银行的国际化研究方面。针对此研究空白，本书将研究问题聚焦于新兴经济体商业银行国际化中的逆向知识溢出，并从理论意义和实践意义上分析研究问题的价值，从研究内容和研究方法上分析研究问题的实际操作性。

（2）文献综述和理论基础。首先，本书通过对企业国际化的理论发展和目前与企业国际化理论相关的研究进行梳理，发现传统企业国际化理论大多以垄断优势理论为核心，强调垄断优势是企业进行国际化扩张的必要条件，但是这并不符合新兴经济体企业的国际化实践。其次，通过对新兴经济体企业国际化的相关研究进行总结分析，本书发现新兴经济体企业在国际化中由于缺乏足够的资源和能力，在国际市场上的竞争力相对较弱，往往通过快速国际化、知识寻求型国际化、跨国并购等方式在国际化的进程中实现自身竞争实力的提升。再次，以往关于企业国际化的研究多聚焦于制造业企业，而对服务业企业的国际化现象关注较少。通过对服务业国际化和商业银行国际化的特点进行总结分析，本书发现由于服务业信息密集、人才密集以及生产和消费不可分离等特点，逆向知识溢出是商业银行提升在国际市场上竞争力的重要途径。最后，知识溢出是企业获取技术和知识资源必不可少的途径之一。通过对知识溢出的理论研究进行梳理，本书发现知识溢出对于服务业企业知识创新和提升竞争实力至关重要，且跨境贸易和投资是目前经济全球化趋势下知识溢出的重要途径。通过对服务业企业知识溢出的特点和企业 FDI 活动中知识溢出的相关研究进行分析总结，本书发现并强调新兴经济体商业银行 FDI 活动中逆向知识溢出的重要性，并在此基础上对研究问题进行了理论界定。

（3）研究模型的构建。基于相关的文献回顾和理论分析，本书对新兴经济体、商业银行国际化以及逆向知识溢出等相关核心概念进行界定，并提出了整体研究模型。为了对逆向知识溢出现象进行全面系统的分析研究，本书分为三部分：第一部分以在发达国家市场的新兴经济体银行海外子行为研究对象，分析海外子行可能受到的逆向知识溢出；第二部分以在发展中国家市场的新兴经济体银行海外子行为研究对象，分析在不同的海外市场，海外子行受到的逆向知识溢出是否有一定的差异；第三部分以所有新兴经济体银行海外子行为研究对象，分析海外子行对母行可能的反哺效应。

第二篇：新兴经济体商业银行在国际化中的逆向知识溢出实证研究（第 4、第 5、第 6 章）。在这一篇中，立足第一章的理论基础和现实基础，对新兴经济体商业银行 FDI 活动中的逆向知识溢出现象进行分析研究。

（4）发达国家市场海外子行的逆向知识溢出。基于第 2 章的理论基础和现实基础，在本部分中本书发现新兴经济体银行向发达国家市场进行 FDI 时，逆向知识溢出以技术型知识为主。在分析知识溢出来源时，本书将新兴经济体银行海外子行可能面对的知识来源分为三类：当地银行、发达国家外资银行以及新兴经济体外资银行，分析不同知识来源对逆向知识溢出的影响。此外，考虑到知识溢出一般都是内嵌在制度环境中的，本书加入母国与东道国之间的制度距离，考察制度距离对不同知识溢出效应的调节作用。

（5）发展中国家市场海外子行的逆向知识溢出。基于第 2 章的理论基础和现实基础，在本部分中本书强调新兴经济体银行向发展中国家市场进行 FDI 时，逆向知识溢出以制度型知识为主，即海外子行通过逆向知识溢出达到制度学习和本土化的目的。在分析知识溢出来源时，本书同样将海外子行可能面对的知识来源分为三类：当地银行、发达国家外资银行以及新兴经济体外资银行，分析不同知识来源对逆向知识溢出的影响。此外，本书同样考察制度距离对不同知识溢出效应的调节作用。

（6）海外子行对新兴经济体母行的反哺效应。基于第 2 章的理论基础和现实基础，考虑到逆向知识溢出的两个必要步骤，基于第 4、第 5 章的实证分析结果，重点考察新兴经济体银行海外子行对母行的逆向知识转移，即反哺效应。本部分对不同海外子行，即发达国家市场和发展中国家市场的海外子行，对母行的反哺效应进行分析，并同时考察制度差异对反哺效应的调节作用。

第三篇：结论与展望（第 7 章）。在这一部分中，本书通过对第二篇中的实证研究结果进行总结，对相关理论研究和企业实践提出相应的展望与建议。

（7）结论与展望。通过对第二篇中的实证研究结果进行总结，本书对研究问题进行了分析，从理论层面和实践层面上分析本书研究的贡献，提出研究的创新之处，并对未来的相关研究进行展望。

本书的研究思路和研究内容如图 1. 1 所示。

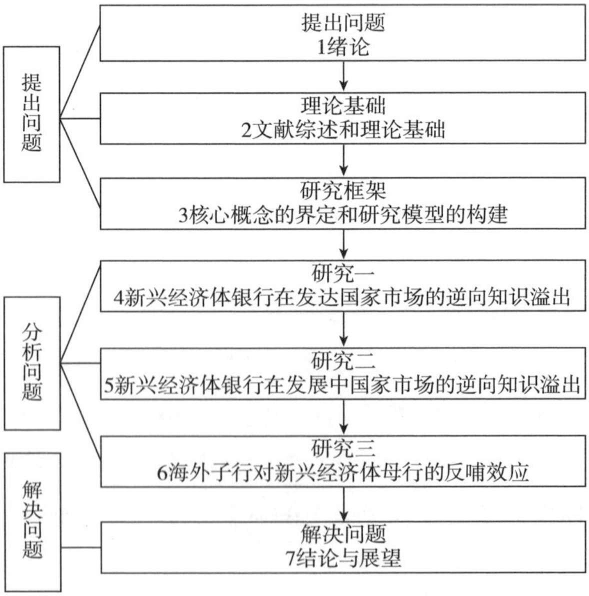

图 1. 1　本书研究技术路线

2 文献综述和理论基础

本章将对本书所涉及的主要理论基础和国内外研究现状进行回顾与梳理，以期发现现有研究中的理论缺口和研究空白，同时确定本书研究的理论依据和预期创新的切入点。本章文献综述和理论基础的内容主要包括三部分：①对企业国际化理论的相关研究进行梳理，分析新兴经济体企业国际化与传统企业国际化相比的特殊性，并对关于新兴经济体企业国际化的理论研究进行总结；②对银行国际化理论的相关研究进行梳理，从服务业企业的特点出发，分析服务业企业国际化的特点，并对银行国际化理论进行梳理，发现影响银行国际化发展的重要因素；③对知识溢出的相关研究进行梳理，阐述知识溢出的定义和发生机制，并分析服务业企业知识溢出的特点和 FDI 活动中的知识溢出发生机制，突出知识溢出在银行国际化中的重要性，对 FDI 活动中的逆向知识溢出研究进行总结分析。

2.1 企业国际化相关研究

2.1.1 企业国际化的概念

关于企业国际化的概念，目前学界尚无严格统一的标准。企业国际化的概念最早由 Vernon（1966）提出。Vernon 从跨国输出的视角出发，认为企业国际化是一个连续的过程，随着产品生命周期的演变，为了进一步降低产品的生产成本，企业从一开始的产品跨国输出转变为技术和资本的输出，即从跨国界的市场扩张转变为跨国界的生产转移，进而使得企业的国际化程度不断增加。在对企业国际化过程的连续性认识的基础上，Johanson 和 Vahlne（1977，1990）基于企业行为理论提出了相应的国际化阶段理论，认为企业的国际化是企业由国内市场逐步向国外市场扩张的过程，是一个渐进性的过程。

从企业国际化的原因来看，传统的企业战略管理研究一致认为 FDI 活动是企业为了提高生存能力、应对国内市场竞争压力的一种被动选择（Calof & Beamish，1995）。随着竞争压力和国内生产成本的增加，企业在国内市场可获取的利润不断受到挤压，为了降低生产成本和扩大市场空间，提升生产率和利润水平，企业往往通过国际化将自身的生产经营活动转移到国外市场，以实现资源的合理配置，进而实现利润最大化。然而，在当前经济全球化的趋势下，企业国际化更是一种主动的战略选择。为了更好地利用自身优势、发现外部机会并实现生存和发展，企业往往通过主动的国际化战略到海外市场进行拓展。

从企业国际化的范围来看，企业国际化就是企业为了适应国际市场环境而对自身战略计划、资源配置、组织结构等进行不断调整的过程（Johanson & Wiedersheim－Paul，1975；Calof & Beamish，1995）。企业国际化不是简单地将企业自己生产的产品或提供的服务进行出口，而是将资源配置从国内市场扩展到海外市场上，在国际市场上对自身的资源和能力重新进行部署与配置（张方华、陈劲，2003）。因此，企业国际化不仅仅包括企业市场的国际化，还包括生产、研发、人力和资本等的国际化（Hitt et al.，1997）。有学者基于国际化的这种广义范围，从海外市场上是否有运营活动（Operation）、资产所有权结构上是否具有国际化性质（Ownership）以及管理风格和组织结构上是否有国际化导向（Orientation）三个方面对企业国际化进行定义和考察。

从企业国际化的方式来看，目前的相关研究大致可以分为广义的企业国际化和狭义的企业国际化。在广义的企业国际化的定义中，企业的经营活动一旦与跨国界的经济活动相联系，不论是出口和 FDI 活动等主动的外向国际化行为，还是外资企业进入国内市场 FDI 而产生的内向国际化行为，都属于企业国际化行为（Welch & Luostarinen，1988；鲁桐，2007）。广义的企业国际化行为包括企业进行跨境投资的所有形式，如特许经营、代理合同、出口和 FDI 活动等（Young et al.，1989）。而狭义的企业国际化行为不仅不包括内向国际化行为，也不包括对外出口等跨国贸易活动，仅仅指企业对外直接投资活动（赵伟，2006）。

从企业国际化的进入模式来看，以往文献研究一般将企业国际化模式分为出口模式、合同模式、合资模式和独资模式四种（Hill et al.，1990；Agarwal & Ramaswami，1992；Woodcock et al.，1994；Kumar & Subramanian，1997）。企业国际化模式通常被定义为企业将技术、资金、人力和管理经验等转移到东道国市场的方式（Kumar & Subramanian，1997；Root，1998），Pan 和 Tse（2000）基于以往研究，对这四种国际化模式进行总结，按照国际化模式的股权性质将其分为股权模式和非股权模式，并对这两类国际化模式进行了进一步的细分。

本书借鉴以往的文献研究，将企业国际化定义为企业进入不同的国家或地区进行跨国经营的行为（Hitt et al.，1997）。鉴于本书的研究对象为新兴经济体商业银行的国际化，由于服务业进入海外市场多以新设分支结构为主要形式，本书研究企业国际化主要关注狭义的国际化和企业国际化模式中的独资模式，即企业的对外直接投资活动。

2.1.2 传统企业国际化理论

随着科学技术的不断进步和经济全球化的不断推进，企业通过国际化实现或获取竞争优势已成为一种必然的趋势。对于企业为什么要进行国际化，传统的理论主要有 Hymer 的垄断优势理论、Vernon 的产品生命周期理论、Buckley 和 Casson 提出的内部化理论以及 Dunning 的国际生产折衷理论等。这些理论大多从产业组织行为的角度出发，以企业利润最大化或成本最小化为原则，分析跨国企业形成的核心动机和根本原因。

（1）国际资本流动理论

20 世纪 60 年代以前，学界大多认可国际资本流动理论对企业为什么会进行国际化的解释。这一理论以市场完全性为前提，强调由于不同国家的生产要素市场是完全竞争的，所以差异性较小，但各国在资本市场上存在较大的差异，使得在资本较丰富的国家利率往往较低，而在资本相对紧缺的国家利率往往较高。在资本自由流动的条件下，资本会从利率低的国家流向利率高的国家，即从资本较丰富的国家流向资本相对紧缺的国家，这就是企业进行跨国直接投资的原因。20 世纪 60 年代以后，跨国企业的迅猛发展为企业国际化的研究带来了一系列新的问题，并为国际资本流动理论带来了新的挑战。传统的利润差异和资本市场差异已经难以解释许多企业的海外投资活动，因此不少学者开始关注企业国际化实践中的特殊性，对传统国际资本流动理论关于企业跨国直接投资活动的解释不断提出挑战，并在企业国际化理论研究方面取得了丰富的成果。

（2）垄断优势理论

Hymer（1976）作为企业国际化理论探索的先行者，在《国内企业的国际化经营：对外直接投资的研究》一文中对国际资本流动理论关于企业国际化现象的解释提出疑问，指出由于企业对外直接投资不等同于证券投资，传统的国际资本流动理论并不能解释企业对外直接投资活动。Hymer 认为，传统理论中的完全竞争假设是不成立的，即不同国家的生产要素市场并不是完全竞争和完全没有差异的；相反，这种市场不完全性恰恰是促使企业进行跨国直接投资的根本原因。基于市场不完全性假设，Hymer 以产业组织理论为基础，针对企业的对外直接投资活动提出了垄断优势理论，认为企业从事对外直接投资活动的主要原因在于企业具备东道国企业所没有的垄断优势，如专有技术、资金、原材料、管理经验及规模经济优势等，进而能够在东道国市场上保持较高的垄断价格和利润。该理论诞生的背景是美国跨国公司的发展呈如火如荼之势，尤其是制造业企业的迅速发展迫切需要具有较强解释力的理论出现，因此垄断优势理论应运而生。该理论虽然很好地解释了欧美发达国家企业的对外直接投资活动，但是并不能解释 20 世纪 60 年代后期一些没有垄断优势的新兴经济体企业和发达国家中小企业的跨国直接投资。

（3）产品生命周期理论

继垄断优势理论之后，Vernon（1966）针对垄断优势理论的静态性，从动态视角提出了产品生命周期理论。Vernon 认为，垄断优势虽然可以解释企业为什么进行对外投资，但是并不能解释企业为什么选择通过出口贸易、许可证经营或是建立海外子公司实现对外投资。因此，为了解释企业如何选择对外投资方式，企业国际化理论应该将垄断优势理论和产品生命周期理论相结合，以分析企业国际化。根据产品生命周期理论，产品在市场上大致可以分为创新期、成熟期和标准期，而各个阶段对企业是否在国外进行生产活动、是否出口以及海外区位决策都有着直接的影响。一般而言，在创新期时，产品的生产与企业的技术垄断和市场需求密切相关，企业一般会将生产活动放在国内；在成熟期和标准期时，为了寻求更低的成本和更大的市场需求，企业可能会开始进行海外投资，将生产活动放在海外市场。国家间大量贸易的产生，源于新产品或者新生产过程的引进，而当时先进的工业化国家与发展中国家的技术差距进一步推动了大规模贸易的形成，Vernon 将产品生命周期理论与国际贸易理论结合起来，丰富了古典的国际贸易理论。该理论适用于刚开始进行对外直接投资的企业，并不能解释已经建立跨国生产和销售体系的企业的再投资活动。

（4）内部化理论

Coase（1937）在《企业的性质》一文中提出了交易成本理论，他强调任何市场交易都存在着一定的交易成本，包括风险成本、价格成本和合同成本等。如果市场具备完全的效率，则交易成本为零；反之，如果市场效率较低，则交易双方需要支付由于市场不完全性带来的成本。市场信息不对称、个人利己主义等原因，往往容易造成市场失灵，所以市场交易中总存在一定的交易成本。企业通过跨国并购、联盟契约等行为，可以将市场交易转化到企业内部，使得企业内部的组织成本代替外部的交易成本，进而有效地减少总成本。

基于 Coase 的交易成本理论，Buckley 和 Casson（1976）提出内部化理论，认为企业国际化是企业将具有垄断优势的技术、知识和产品在跨国范围内实现市场内部化的活动。Buckley 和 Casson 认为，以往的企业国际化理论缺乏一个综合的理论基础，尤其是只考虑企业的生产活动，而忽略了企业的研发、营销和管理等活动。这些活动与企业的中间产品密切相关，中间产品对于企业的价值并不仅仅包含原材料或者半成品，更包含了专利权、人力资本等隐性知识。因此，中间产品对于企业经营发展的重要性使得企业为了降低成本或者获取更高的利润，往往会将这些中间产品的市场内部化，而内部化如果是通过跨国直接投资产生的，则产生了跨国企业。所谓市场内部化，是指由于某些中间产品的垄断势力或者特殊性质，企业的市场交易成本增加，为了克服外部市场的失效，企业将原本发生在外部市场的交易转移到企业内部，即形成一个内部市场。内部化理论与垄断优势理论的角度一致，都是从企业主动的角度探索其对外直接投资的基础和动因。内部化理论不仅解释了为什么会有企业，也很好地解释了为什么会有跨国企业，以及第二次世界大战以来跨国企业的迅速增长和扩张及发达国家间企业的投资活动，是企业国际化理论中的核心理论。

（5）国际生产折衷理论

Dunning（1977）认为，早期的企业国际化理论都是孤立地对跨国直接投资现象做出部分解释，并没有普遍意义。他强调，出口、许可证经营和对外直接投资三种对外投资方式是企业面临的不同选择，应该将其结合在一起，通过一般性的理论系统性地分析企业对外投资的基础和动因。Dunning 集合各种学说，对跨国公司和对外直接投资现象提出一个普遍适用的理论，即国际生产折衷理论。该理论将 Heckscher – Ohin 新古典国际贸易理论和垄断优势理论、产品生命周期理论、内部化理论等早期的企业国际化理论结合在一起，提出综合性的国际生产折衷理论，认为企业是否从事对外直接投资活动主要由三种基本优势决定，即所有权优势（Ownership Advantage）、区位优势（Location Advantage）和内部化优势（Internalization Advantage），简称“OLI 范式”或者“折中范式”。

所有权优势是指企业所拥有的或者容易得到的资产，包括生产要素禀赋（如劳动力、资金、自然资源等）、创新和研发能力、商标、管理技能等。根据 OLI 范式，所有权优势一般是指一国企业相较于其他国家企业的资产优势。内部化优势是指相较于外部市场交易，企业对优势资源的内部化能够发挥资源的更高价值。由于市场的不完全性，企业难以获取或者保留住优势资源，因此产生了对其内部化的强大动力。只有将优势内部化在企业内，实现资源的自主配置，企业才能将垄断优势的价值发挥到最大。区位优势，是指企业在进行对外直接投资时在区位上的选择优势，如东道国广阔的产品销售市场、丰富的自然资源和政府的各项优惠政策等。一般而言，区位优势是企业对外直接投资的充分条件，而所有权优势和内部化优势是企业对外直接投资的必要条件。根据对这三种优势不同的拥有程度，企业进行对外投资的方式也不同，包括出口、许可证经营以及对外直接投资等。该理论要求企业在进行对外投资决策时有全面的决策思路，从整体上考虑所有权优势、内部化优势与区位优势以及三者之间的相互联系和作用，以达到全面考虑、把握全局的结果。国际生产折衷理论在一定程度上吸收了各企业国际化理论的精华，运用多变量分析法，系统地分析企业对外直接投资应具备的必要条件，在理论和实证分析上都促进了企业国际化的相关研究，成为目前企业国际化研究的重要理论。

纵观企业国际化理论的发展，从 Hymer 的垄断优势理论到 Dunning 的国际生产折衷理论的诞生，虽流派众多，亮点纷呈，但其基本分析都以企业垄断优势为核心，把对外直接投资活动看作垄断优势价值最大化的跨国界投资活动过程。然而，随着并不具备垄断优势的发达国家中小企业和新兴经济体企业国际化的迅速发展，传统企业国际化理论面临着新的质疑和挑战。传统企业国际化理论局限于从微观层面上对企业对外直接投资活动进行分析，缺乏与国家宏观层面分析的结合，即对制度环境因素的考虑。此外，各理论的论述基础仍侧重于成本分析，未考虑企业的收益情况。以 Dunning 的国际生产折衷理论为例，假定出口、许可证经营和对外直接投资三种对外投资方式的收益是相同的，这显然不符合实际情况。一般而言，对外直接投资的收益可能最大，出口次之，许可证经营最小。企业在决策时基于利益最大化原则不仅会考虑投资成本，还会考虑收益情况，而在忽略收益的情况下以成本最小化的原则去分析不同对外投资方式的利弊是不恰当的。

2.1.3 新兴经济体企业国际化的特点

新兴经济体[①]作为经济蓬勃发展，但还未达到发达国家标准的新兴经济实体，其一般特点是经济发展速度较快，市场经济体制逐步走向完善，市场发展潜力较大（Hoskisson et al.，2000）。近年来，新兴经济体企业的对外直接投资活动日益增长，受到国内外学者的密切关注（Mathews，2006；Luo & Tung，2007；Ramamurti，2012）。传统的企业国际化理论强调，企业在进行对外投资前要有一定的垄断优势，如技术优势、资金优势、管理技能或营销技能等，而企业对外直接投资活动往往是企业为了发挥和利用其垄断优势扩大市场的一种手段（Dunning，1981，1988）。国际市场上最早进入的大都是发达国家的跨国企业，企业的竞争优势往往体现在企业层面，如企业的雄厚资本或高效的管理团队等。因此，国内外对企业国际化战略的研究聚焦于这些国际市场上的“先行者”。相对于发达国家企业，新兴经济体企业往往拥有较少的资源，在技术发展上也较为落后（Hitt et al.，2000）；新兴经济体企业的既有优势往往体现在国家层面，而不是企业层面（Ramamurti & Singh，2009），如较低的人力资本或强有力的政府支持。如果新兴经济体企业像发达国家企业一样，以扩大市场和最大化资源利用价值为目的而进行国际化扩张，其面临的外来者劣势和企业自身发展的内部资源劣势则会使其生产与运营成本大大增加，在海外市场步履维艰（Miller & Parkhe，2002）。

新兴经济体企业的国际化与发达国家企业的国际化相比有很多不同之处（见表2.1）。首先，相对于发达国家企业循序渐进的国际化进程，新兴经济体企业更倾向于快速国际化，在海外市场的进入模式也更多采用跨国并购或者战略联盟形式（Klimek，2011）。从企业自身条件来看，新兴经济体企业缺乏先进的技术、管理经验和品牌等优势资源，在进行国际化时并不具备传统企业国际化理论中跨国企业需具备的垄断优势，因此发达国家企业循序渐进的国际化路径并不适用于新兴经济体企业（Ramamurti，

---

① 新兴经济体概念的界定和范围详见3.1.1。

2012）。为了弥补在资源和技术基础上的不足，新兴经济体企业需要通过快速的国际化，快速有效地获取所需的资源和知识，以弥补企业在国际市场上的竞争劣势（Mathews，2006；Aulakh，2007；Li，2007）。其次，为了克服外来者劣势，并通过获取资源和知识提升自身竞争优势，新兴经济体企业往往采用战略联盟（García – Canal et al.，2002）或跨国并购（Rui & Yip，2008）等方式进行国际化。最后，与发达国家企业在地理距离上由近及远的传统国际化路径不同的是，新兴经济体企业在开始国际化时，由于全球扩张和能力提升的双重压力，更倾向于同时进入发达国家市场和发展中国家市场。进入发展中国家市场能帮助新兴经济体企业产生规模经济效应，积累更多的国际化运营经验，并获取更多的利润；而进入发达国家市场则能够帮助新兴经济体企业更好地获取知识和技术资源，提升自身竞争优势。

虽然新兴经济体跨国企业在资源禀赋方面与发达国家跨国企业有一定的差距，但是作为国际市场上的“后来者”，新兴经济体跨国企业在以下几个方面有一定的相对优势。首先，由于新兴经济体的制度环境水平较低，发展不够完善，新兴经济体企业在应对不稳定的和发展不完善的制度环境方面积累了一定的经验，比发达国家企业更能适应较弱的制度环境（Cuervo – Cazurra & Genc，2008），即新兴经济体企业国际化中的制度适应能力更强。其次，新兴经济体跨国企业相较于发达国家企业，其组织创新能力更强（Erdener & Shapiro，2005）。作为国际市场上的主导者和领先者，发达国家跨国企业的发展时间较长，往往有着根深蒂固的组织结构和文化，使得企业容易受到组织惯性与路径依赖等问题的影响（Guillén & García – Canal，2009）。而新兴经济体企业在国际市场上仍属于“后来者”，组织结构和文化发展还不够成熟，在国际化进程和发展上很少遇到像发达国家企业可能面临的组织惯性与路径依赖等问题（Makino et al.，2002）。因此，新兴经济体企业在国际化进程和发展过程中更容易吸收和应用相应的组织创新，以适应全球化发展的需求（Mathews，2006）。

表 2.1 新兴经济体企业与发达国家企业国际化的比较分析

项目	新兴经济体企业	发达国家企业
竞争优势	较弱，倾向于通过国际化积累和升级资源优势	较强，资源和能力在母国已完成积累
国际化速度	快速国际化	循序渐进
进入模式	战略联盟、跨国并购等	全资子公司
扩张路径	同时进入发达国家和新兴经济体	地理距离上由近及远
制度适应能力	较强，母国制度环境较弱	较弱，母国制度环境较完善
组织创新	较强，组织惯性和路径依赖较少	较弱，根深蒂固的组织结构与文化

资料来源：GUILLÉN M F，GARCÍA – CANAL E. The American Model of the Multinational Firm and the “New” Multinationals from Emerging Economies [J]. Academy of management perspectives, 2009, 23 (2): 23 – 35.

根据以往文献研究，本书将新兴经济体企业国际化的特点总结如下。

（1）新兴经济体企业面临外来者劣势和后来者劣势的双重困境

外来者劣势是指企业在进行对外直接投资时，在生产规模、技术和资本实力等条件相当的情况下，与东道国的本土企业相比，要承担更高的成本（Zaheer，1995；王凤彬、石鸟云，2011）。一般情况下，任何企业在海外市场经营时都会面临或多或少的外来者劣势，如对东道国文化不了解而导致较高的经营成本，从地理距离上相距较远的母国运输物资、设备、人员等较高的运输成本和通信成本等（Zaheer，1995；王凤彬、石鸟云，2011）。新兴经济体企业作为国际市场上的“后来者”在国际化时不仅面临着较严峻的“外来者”劣势，还面临着更大的困难（Buckley et al.，2007b；Ramamurti & Singh，2009）。与大多数发达国家企业相比，新兴经济体企业在对外直接投资时往往缺乏必要的能力和资源，尤其是当企业在发达国家进行投资时（Hitt et al.，2000；Ramamurti & Singh，2009）。尽管新兴经济体企业也有自身独特的资源和能力，但大多为小规模的技术优势或者受区位限制的地方化优势，当向制度环境差异较大的发达国家进行海外投资时难以进行转移和复制（Wells，1983；Rugman & Verbeke，2008）。此外，新兴经济体企业的核心能力大多不是建立在先进的技术或者品牌差异化基础上，而是建立在成本优势和价格竞争上的（Elango & Pattnaik，2007）。因此，当向发达国家进行对外直接投资时，新兴经济体企业不仅面临着文化和制度环境的差异，还面临着与竞争对手在技术和管理技能上的差异（Buckley et al.，2007b）。

（2）新兴经济体企业更倾向于“快速国际化”

新兴经济体企业当前面对的国际形势和经济环境与发达国家企业当时国际化所面临的环境截然不同（Guillén & García－Canal，2009）。随着经济全球化的深入，贸易自由化和投资便利化程度大大增加，技术革命日新月异，商品、资本和信息等要素在企业间的流动性不断增强，全球市场一体化的趋势为新兴经济体企业国际化提供了一个更为扁平的世界（Gaffney et al.，2004）。在这样的环境下，新兴经济体企业的国际化速度也随之加快，甚至出现了不少天生全球化企业（杨忠等，2007；Deng et al.，2017）。与此同时，经济和市场的全球化使得大型跨国企业间的竞争也更加激烈，不少发达国家的大型跨国企业为了应对激烈的竞争，不得不削减成本以提高产品竞争优势。而实现成本降低最快速且有效的一种方法就是通过外包将产品价值链分割到成本更低的新兴经济体企业，以实现全球范围内的资源优化配置和合理布局。发达国家跨国企业的全球外包策略使不少新兴经济体企业能够利用自身在劳动力、原材料等要素上的低成本优势，快速加入发达国家企业主导的全球生产分工体系中，实现国际化。

经济全球化和市场一体化的趋势不仅为新兴经济体企业国际化带来了新的发展机遇，也为其带来了巨大的竞争压力（Miller et al.，2008）。国际市场上的激烈竞争使得新兴经济体企业为了生存下去，必须提高自身生产率，增强竞争实力（Rosengren & Jordan，2000；Chang & Xu，2008）。低成本优势并不能成为新兴经济体企业不断发展壮大的持久基础，先进的技术、营销技能和管理经验等创造性资产才是企业在国际市场上站稳脚跟并延续发展的重要资源（Spencer，2003）。新兴经济体企业作为国际市场上的“后来者”，为了弥补在时间和实力上与发达国家大型跨国企业的差距，就必须尽可能地快速获取更多的资源和能力（Makino et al.，2002）。

因此，在这种情况下，为了追赶发达国家跨国企业，“快速国际化”能帮助新兴经济体企业减少母国制度环境不完善带来的障碍，摆脱企业内部资源弱势（Bonaglia et al.，2007；Gaffney et al.，2004）。

（3）新兴经济体企业国际化时更倾向于跨国并购形式

新建投资和跨国并购是企业进行国际化的两种主要形式（Pan & Tse，2000）。相对于新建投资而言，跨国并购往往有利于企业更好地整合外部资源，获取互补的非专用性资产（Kumar & Subramanian，1997）。而新建投资一般需要企业有更强的资产专用性和所有权优势（Root，1998）。对于缺乏所有权优势的新兴经济体企业而言，跨国并购比新建投资更有利于其在海外市场站稳脚跟，从而更有效地获取创造性资产（Guillén & García - Canal，2009；Ramamurti，2012）。此外，跨国并购也使得新兴经济体企业的市场退出门槛降低，即企业可以通过剥离或者出售所收购的资产退出海外市场。相对于战略联盟而言，新兴经济体企业也更倾向于采用跨国并购的方式进行国际化（Ramamurti，2012）。由于发达国家企业与新兴经济体企业在技术、人力资本、管理技能等方面存在较大的差异（Hoskisson et al.，2004），即使新兴经济体企业与发达国家企业达成联盟，由于较弱的实力和议价资源，新兴经济体企业也仅仅拥有较弱的议价权力，这并不利于企业受益于跨企业边界的知识溢出和转移，进而影响企业集聚优质资源、迅速扩张实力的国际化战略（Kumar，2009）。

（4）新兴经济体企业面临知识寻求型和市场扩张型国际化的矛盾

新兴经济体企业要提高在国际市场上的影响力和竞争力，就必须到拥有先进技术、知识的发达国家市场中进行海外投资，这样才能通过更为有效的知识溢出或转移不断积累知识，提高自身技术水平和资源利用能力（Makino et al.，2002；Guillén & García - Canal，2009）。但是，快速国际化和知识寻求型国际化的现象并不会长久，新兴经济体企业最终会提升自身技术资源储备和竞争实力，再以传统的市场扩张型国际化战略重新走向国际市场，发挥其已积累的既有优势，赚取超额利润（Ramamurti，2012）。此外，新兴经济体企业也有基于母国环境积累和创造的自身竞争优势与技术资源，如果能较好地利用这些既有资源和优势，迅速扩张到发展水平和经营环境相似的其他新兴经济体，则能很好地实现规模经济，进而获取新的利润和发展空间（Cuervo - Cazurra & Genc，2008）。

新兴经济体企业在进行国际化时面临着区位选择的两难境地。如果选择到文化和制度环境相当的发展中国家市场进行对外直接投资，新兴经济体企业可能面临较弱的外来者劣势，进而利用自身既有优势和资源，获取较高的利润（Rugman & Verbeke，2008）。但是，新兴经济体企业在技术发展和知识积累方面可能面临停滞不前的风险，从长期来看，在国际市场上容易被其他领先企业淘汰（Guillén & García - Canal，2009）。而如果选择到文化和制度环境差异较大的发达国家进行海外投资，那么新兴经济体企业有机会获取更多的技术资源和知识积累，进而提升自身竞争能力和技术实力，抢占未来技术发展的制高点（Makino et al.，2002；Luo & Tung，2007），但是由于较强的外来者劣势和后来者劣势，新兴经济体企业所承受的经营成本和风险也较高（Ramamurti & Singh，2009）。此外，新兴经济体企业进行知识寻求型国际化的最终目的是提升自身技术资源储备和竞争实力，再以传统的市场扩张型国际化战略重新向海外市场扩张（Ramamurti，2012）。但是企业从知识寻求型国际化战略向市场扩张型国际化战略转变缺乏明确的目标和时间点，一味地寻求知识而不利用好知识和技术使其发挥更大的市场价值，这也会成为企业经营发展的障碍（Guillén & García - Canal，2009）。因此，新兴经济体企业应兼顾长期发展与短期利益，将市场扩张与知识寻求更好地结合在一起，寻求二者间的平衡，从而实现规模经济与经验学习的双重目标。

（5）新兴经济体企业国际化时大多采用战略或组织创新的方式

与发达国家传统跨国企业相比，不少新兴经济体企业国际化不是为了利用既有资源和垄断优势以扩张市场，而是为了到海外市场上获取更多的技术资源和竞争优势，以快速增强实力（Makino et al.，2002；Luo & Tung，2007）。因此，这些新兴经济体企业大多并不采取产品差异化等战略进行国际化经营（Porter，1980），而是依靠组织创新或者战略创新等方式来获取更多生存和发展的机会（Erdener & Shapiro，2005）。新兴经济体企业要想在国际市场上站稳脚跟，就要逐渐摆脱传统的生产经营方式，打破企业的原有边界，通过与外界供应商、竞争者、顾客、研究机构等进行资源的跨边界共享和利用，建立起利益分享、风险共担的社会网络，以获取更多更有价值的知识资源，实现开放式创新（Chesbrough，2003）。此外，新兴经济体企业大多采用战略联盟和跨国并购等形式进行国际化，即借助和整合外部资源来促进企业内部资源的积累与增长，提高其在国际市场上的竞争能力（Kumar，2009）。对于资源和技术都稀缺的新兴经济体企业而言，借助外界企业和网络的资源及知识能够加快企业自身学习与积累的过程，利用多样化的不同区位特定资源以构建竞争能力，应对国际市场上日益增长的激烈竞争（Mathews，2006）。

2.1.4 新兴经济体企业国际化理论

从本质上看，新兴经济体企业国际化属于企业国际化的范畴。但是，此类企业国际化的主体来自新兴经济体，与发达国家企业国际化经营的方式、行为等都有所不同。针对新兴经济体企业与传统企业在国际化方面的差异，有部分学者认为在研究新兴经济体企业国际化时并不需要对传统企业国际化进行理论创新，或者建立全新的理论来解释其国际化现象（Dunning，2006a；Narula，2006），即新兴经济体企业在母国既定的制度环境中也发挥出相应的竞争优势，并通过渐进式国际化方式将这些优势扩展到海外市场上。然而，传统企业国际化理论不能很好地解释新兴经济体企业的加速国际化、知识寻求型国际化等现象，因此，不少学者针对新兴经济体企业国际化的特殊性和非常规发展模式在传统国际化战略理论基础上进行了一定的创新。

（1）小规模技术理论

传统企业国际化理论认为，企业国际化中普遍依赖规模经济和技术优势这两个方面的优势。Wells（1983）针对新兴经济体企业在既不具备规模经济，也不具备技术优势的情况下仍进行国际化经营的现象提出了小规模技术理论，对传统企业国际化理论进行了一定的补充。该理论强调，新兴经济体企业国际化的特殊优势在于小规模技术优势带来的低成本优势，即当市场规模足够小时，市场对产品多样化和技术的需求也相对较小，这使得拥有技术优势和规模经济的企业难以有效发挥自身竞争优势，而拥有小规模技术优势的企业则因此有了生存和发展的空间。该理论的主要观点如下。

第一，小规模技术优势在规模和需求量都较小的市场上才能凸显出来。国际市场上有产品需求量较大、技术要求较高的市场，也有产品需求量较小、技术要求较低的市场。在产品需求量较大、技术要求较高的市场上，发达国家大型跨国企业所拥有的规模经济和技术优势能够很好地得以利用，进而使企业获益；在产品需求量较小、技术要求较低的市场上，发达国家大型跨国企业的规模经济和技术优势难以得到有效利用，而拥有小规模技术优势的新兴经济体企业则比较适应这种市场（Wells，1983）。

第二，小规模技术优势主要体现在特殊产品和成本优势上。小规模技术优势既可以是来自新兴经济体企业的传统技术，也可以是通过向发达国家企业学习并进行创新的改良技术。新兴经济体企业可以利用母国所特有的产品或技术，在国际市场上寻找利基市场并进行国际化。例如，当海外华人的规模达到一定程度时，一大批华人企业的国际化得以迅速发展，包括餐饮业、传媒业和食品加工业等。此外，新兴经济体企业在向发达国家企业学习先进技术后，可以通过母国的原材料、劳动力、流水线加工厂等进行生产，以降低成本。目前，低成本优势已经成为不少新兴经济体企业在国际市场上获取竞争优势的重要因素。

小规模技术理论针对新兴经济体企业在缺乏规模经济与技术优势的条件下进行国际化的动机和方式进行分析，很好地解释了新兴经济体企业国际化中的特殊现象。但是，小规模技术理论难以很好地解释高新技术产业的新兴经济体企业进行国际化的动机和方式，而且假设拥有规模经济和技术优势的发达国家大型企业难以具备小规模技术优势，这在企业国际化实践中难以得到证实。

（2）LLL 理论

Mathews（2006）从资源基础观出发，对新兴经济体企业快速国际化、战略创新等独特的现象进行分析，基于新兴经济体企业在国际市场上的“后来者”地位提出了 LLL 模型。该理论分析框架认为，新兴经济体企业通过与海外市场的当地企业建立合作关系（linkage），并通过合作关系利用其资源与知识，以及在这一过程中不断学习这三种途径建立和巩固企业自身的竞争优势。同时，由这三种提升优势的途径形成自我加速的过程，可用来解释新兴经济体跨国公司加速国际化的现象。

LLL 模型是针对 Dunning 的 OLI 范式提出的，强调新兴经济体企业在国际化中的特殊优势。LLL 模型因其对新兴经济体企业国际化的动机、方式等方面具有较强的解释力，成为研究新兴经济体企业国际化的重要理论（Gloria & Ding，2008）。LLL 模型的主要理论贡献在于：第一，通过外部联系、杠杆效应、学习过程三个方面的因素，解释了新兴经济体企业在缺乏足够的资源和国际化经验的情况下，为什么以及如何进行国际化的问题；第二，与 OLI 模型的相对静态分析不同，LLL 模型从动态视角分析新兴经济体企业的国际化，强调新兴经济体企业通过国际化积累竞争优势和技术能力的过程；第三，LLL 模型强调当前经济全球化形势给新兴经济体企业带来新的发展机遇，使其可以通过外部联系、全球整合等方式从外部环境或其他企业获取到一定的资源，突出了新兴经济体企业当前面临的国际经济形势与发达国家企业国际化当时面临的形势有所不同，如表 2. 2 所示。从以上几个方面的理论贡献来看，LLL 模型在解释新兴经济体企业的国际化方面可以替代 OLI 模型。但是 Li（2007）认为，OLI 模型强调企业内部因素对国际化发展的重要性，忽略了企业外部环境因素；而 LLL 模型虽然强调企业外部因素的重要性，但是忽略了企业内部因素。因此，只有将两种理论结合起来，才能全面系统地解释企业国际化的方式和行为等。

表 2. 2　LLL 模型与 OLI 模型的比较分析

项目	LLL 模型	OLI 模型
竞争优势来源	利用外部联系而获取	既有资源积累
区位选择动因	全球垂直整合	全球网络布局

续表

项目	LLL 模型	OLI 模型
生产还是外包	通过外部联系实现生产过程	在企业内部生产
学习过程	通过外部联系、杠杆效应等不断学习	未涉及
国际化过程	利用外部联系逐渐推动国际化	未涉及
国际化形势	通过全球范围内的整合以实现国际化	未涉及
驱动理论	获取“后来者”优势	交易成本理论
时间因素	强调企业积累和发展竞争优势的过程，属于动态分析	相对静态分析

资料来源：MATHEWS J A. Dragon Multinationals: New Players in 21st Century Globalization [J]. Asia Pacific journal of management, 2006, 23 (1): 5-27.

（3）知识寻求型国际化理论

由于跨国企业研发活动的全球化、跨国并购的国际化趋势以及新兴经济体企业国际化的迅速发展，企业国际化已经从传统国际化理论中利用自身既有垄断优势的投资活动，转变为一种利用多国家经营形成技术或市场协同效应的跨境经济活动。对于不少来自新兴经济体的企业而言，由于缺乏一定的垄断优势，它们进行对外直接投资更多是为了与海外市场上的竞争者、客户、供应商、研究机构等建立联系，进而获取相应的知识和技术资源。针对这种新型国际化现象，不少国内外学者（Makino et al., 2002; Luo & Tung, 2007; 刘明霞, 2009; 王凤彬和杨阳, 2010a; 吴先明和苏志文, 2014）提出了知识寻求型国际化（knowledge seeking FDI），即新兴经济体企业在进行对外投资，尤其是向发达国家市场进行 FDI 时，往往不是出于利润最大化的目的，而是从长期战略上为了提升自身竞争实力进而通过海外投资寻找并获取先进的技术和知识。

知识寻求型国际化中的知识一般是指创造性资产。创造性资产是相对于自然资产而言的，包含在企业内部的人力资本、制度基础、所有权等的知识、技术、经验和组织能力等，是企业在自身所拥有的有形资产的基础上创造的知识性资产，是企业竞争优势的动力（Dunning, 1992）。创造性资产既可以是通信设备、销售系统等有形资产，也可以是商业信息、企业形象、企业声誉、技术性人才、组织文化等无形资产。这些资产作为创造性资产，有着共同的特性：价值性、稀缺性、难以模仿性和难以转移性等（Barney，1991）。创造性资产作为企业竞争优势的来源，不仅仅是企业赖以生存和竞争的核心资本，更是企业赚取利润的重要基础。相较于产品的生产和销售，研发和创造活动在价值链上所占比重越来越高。国际市场上企业间的竞争越来越倾向于新产品和新工艺的竞争，而这些产品和工艺的创新活动往往需要企业承担较高的成本与风险，企业在角逐中也逐渐注重创造性资产的发展。为了不断提高自身竞争力，企业不仅要自己创造知识和技术，还要关注拥有创造性资产的其他企业或个人，通过知识外溢等方式获取创造性资产。

20 世纪 90 年代以来，越来越多的学者开始关注知识寻求型国际化的研究。随着日本企业对外直接投资活动的不断增加，不少学者通过对日本企业在美国市场的国际化现象进行分析，发现不少日本企业到美国进行对外直接投资是为了获取企业能力的发展和竞争优势的提升，通过与当地企业进行合作，形成合资企业或战略联盟等，进而获取美国企业的技术和知识（Kogut & Chang，1991；Chang，1995）。还有学者从行业角度出发，以高科技行业为研究对象，发现在美国的高科技行业，如生物技术行业、半导体行业等，外资企业进入美国市场的目的主要是获取技术资源（Almeida，1996；Shan & Song，1997）。继日本企业的国际化热潮后，亚洲新兴工业化国家和地区的企业对外直接投资活动也开始迅速增长，其中，不少企业到发达国家进行 FDI 活动往往不是为了追求利润最大化，而是为了获取新的生产技术或者分销网络，进而增强自身的非价格竞争实力（Kumar，1998）。随着技术的不断进步和发展、企业间日益激烈的竞争和企业间资本流动的增强，国际化不仅是企业发挥既有垄断优势的手段，而且是企业发现新知识、新资源，提升自身竞争优势的重要工具。企业的特定优势不再局限于企业内部，也有可能来自获取其他企业所拥有的互补资产的能力。越来越多的企业倾向于通过国际化寻求特定空间内的知识和技术资源，进而获取并建立满足企业需要的创造性资产。

新兴经济体企业为了在国际市场上提升竞争优势和国际影响力，最快速、有效的方法就是通过对外直接投资，嵌入发达国家领先企业所在的创新体系中，利用企业间的知识溢出效应获取领先企业的知识和技术，进而得到创造性资产。新兴经济体企业采用知识寻求型国际化战略的最终目标是服务于母公司，即把在海外市场获取的知识转移到母国市场并使母公司能够利用这些技术资源提升创新能力和生产率（Ramamurti，2012）。要想提升竞争实力和技术能力，就需要减少对国外技术的依赖，发展本土的技术创新；而发展本土技术创新较快速、有效的一个途径就是通过国际化向海外市场寻求知识和技术资源，并与母公司的发展和母国市场的需求相整合（王凤彬、杨阳，2010b）。

（4）基于制度视角的国际化理论

由于新兴经济体企业国际化的行为和方式受母国与东道国的制度环境影响较大，基于新兴经济体企业国际化的这种特殊性，基于制度视角的国际化理论认为一国企业的国际化发展是由制度性因素推动的，既有母国政府对企业“走出去”的政策激励和优惠措施等因素，即制度推动型国际化；又有企业为了逃离母国不利制度的约束等因素，即制度逃离型国际化。后文将对制度的定义进行解释，并对制度理论如何解释新兴经济体企业国际化进行分析总结。

North将制度定义为人为设计的用来制约人类交互行为的约束条件（North，1991）。制度环境一般通过管制、规范、认知等方面对特定的社会行为和活动赋予一定的稳定性与现实意义（Scott，1995），是组织结构和行为的主要决定因素（DiMaggio & Powell，1991），通过国家政策、共享的社会认知及文化价值观念对企业活动进行一定的约束和指引。制度可以分为正式制度和非正式制度，正式制度主要包括法律法规和政策等，非正式制度主要包括社会公认的行为准则、规范和惯例等。这些制度构成了完整的制度体系，企业必须遵循制度环境的相关要求，以获取“合法性”，才能实现资源的有效配置和利用（North，1991）。

Dunning对国际折衷理论进行修正，将制度理论融入OLI分析模型（Dunning，2006b；Dunning & Lundan，20008）。Dunning通过对制度环境的分析，强调企业拥有的与制度环境相关的所有权优势、区位优势和内部化优势。制度所有权优势是指企业拥有的制度优势，包括内部合法性制度优势，即企业文化、企业管理理念、价值观等，外部合法性制度优势，即企业经营活动所嵌入的外部制度环境，包括母国和东道国的法律法规、准则、规范等。企业一旦在组织内部或者一国市场内获取“合法性”，就可以将这种优势复制到其他境外机构。制度区位优势是指某一国家或地区在法律法规、社会基础设施、商业规范等方面存在有利于企业的优势，促使企业到该国或地区进行海外扩张。制度内部化优势是指企业内部关系网络、员工间的信任感和责任感等约束机制为企业带来的国际化优势。

从制度推动型国际化来看，一些新兴经济体为了鼓励企业进行国际化，会制定相应的投资优惠政策和制度等，以促进企业的 FDI 活动（Gastanaga et al.，1998；Luo et al.，2010）。具体而言，政府政策可以通过影响企业的人才优势、技术优势和资本优势等，提高企业的所有权优势，通过影响市场交易成本，提高企业的内部化优势，此外，母国和东道国政治、经济环境的发展与差异性会影响企业的区位优势（熊伟等，2008）。在母国的制度环境方面，对企业 FDI 活动的政策自由化、母国经济、政治环境的发展和完善等都可以促进企业国际化的发展（Buckley et al.，2007b）；在东道国制度环境方面，健全、稳定的经济环境和自由化的投资政策也是影响企业国际化发展的重要因素（Cuervo - Cazurra & Genc，2008）。

从制度逃避型国际化来看，由于新兴经济体的市场机制还不够完善，社会基础设施建设还有待加强，不少新兴经济体缺乏有效的知识产权保护制度、健全的监管环境和有效的执法力度，即存在着一定的制度缺陷（Institutional Voids），这些制度缺陷在一定程度上增加了企业在国内经营的成本，迫使企业通过“走出去”减少制度缺陷带来的额外交易成本（Khanna & Palepu，2006；Witt & Lewin，2007）。此外，由于母国创新体系和创新保护环境的不完善，不少新兴经济体企业的创新能力受到制约，企业可以通过国际化经营到制度环境相对健全和完善的东道国市场进行经营，弥补制度缺陷，更好地积累和发展自身竞争优势（Yamakawa et al.，2008）。

2.2 银行国际化相关研究

为了分析银行国际化中的特殊性和相关理论研究，本书首先对一般服务业企业在经营管理上的特点和服务业企业国际化的相关理论研究进行梳理；其次针对银行业的特殊性，对银行国际化的特点和银行国际化的相关理论研究进行分析，并结合传统企业国际化理论进行对比分析。

2.2.1 服务业企业国际化研究

服务业企业的国际化与服务业的产业特点紧密相关。与制造业企业相比，服务业企业提供的服务产品具有无形性、异质性、生产与消费同时性和不可储存性等特点，因此服务业企业在经营发展中存在着以下几个方面的特点。

第一，服务的生产与消费具有同时性和不可分离性（Boddewyn et al.，1986）。制造业企业生产和提供的产品具有可存储、可转移等特点，即产品的生产和消费是高度分离的。但是，由于服务的无形性、不可转移性和不可复制性等特点，服务的生产和消费往往是不可分离的，即生产和消费往往都是同时同地进行的，所以服务业企业的生产经营在时间和空间上会受到更多的限制。

第二，服务交易过程中的信息不对称性较高（Capar & Kotabe，2003）。在制造业产品的交易过程中，客户在购买前可以对产品的性能、规格、质量等有较全面的了解，在交易完成后如果有不满意的情况，也可以通过与商家协商进行退换货处理，因此交易过程中的信息不对称程度相对较低。而在服务的交易过程中，由于服务是无形的，客户难以通过商家提供样品、讲解等方式对服务过程有详细全面的了解，往往只有在交易完成后才能确定服务质量的好坏，即信息不对称性较高。此外，由于服务的异质性，即使是同一类服务，其服务质量和效果也存在着明显的差别，客户在服务过程中的参与程度也使得服务质量有一定的差异。服务交易中的信息不对称不仅增加了服务生产和销售的难度，而且提高了客户在服务交易过程中所承担的风险。

第三，服务业企业更重视客户资源（Terpstra，1988）。由于客户在服务生产与提供过程中的参与度较高，服务具有个性化和异质性的特点，这就使得服务产品之间的替代性较低，即服务具有不完全替代性，客户重新选择服务提供者的转换成本往往较高。为了减少信息不对称所带来的交易风险，客户更愿意选择自己熟悉的企业来提供服务。相应地，为了获取并保留更多的客户资源，服务业企业通常会采取提高品牌知名度、增加服务便利性、提高服务的个性化程度、提升服务的性价比等策略以增强客户的忠诚度。

第四，服务业企业更重视人力资本（Erramilli & Rao，1993）。服务过程中的信息不对称性、客户参与度高和生产消费不可分离性等特点，不仅使服务具有个性和异质性，还为服务业企业扩大生产规模带来了障碍。服务业企业为了满足客户需求和提高客户忠诚度，对服务质量和客户满意度较为重视。而影响服务质量的因素不仅在于客户对服务结果的满意程度，在提供服务的过程中客户的满意度也十分重要。提供服务过程的重要性就要求服务从业人员不仅具有扎实的专业技能和专业知识，而且具有良好的沟通技能和应变能力。服务从业人员素质作为影响服务质量的重要因素，是服务业企业的重要资本。因此，服务业企业相对于制造业企业而言，更加重视对人力资本的要求和培养，尤其是直接参与提供服务过程的员工的素质和能力水平。

基于服务业的复杂性和重要性，对服务业企业国际化发展必须予以重视，并要考虑到服务业区别于制造业的特殊性。从服务业企业在经营发展方面的特点可以看出，由于服务提供过程中的信息不对称性、客户参与度高、生产消费不可分离性等特点，服务业企业在经营管理中往往更重视人力资本和客户资源的价值。在当今分工经济的网络中，以知识为主导的服务业已经逐渐成为将其他产业联结起来的黏合剂，成为经济和社会发展的重要基石。纵观企业国际化理论的发展可以发现，有关跨国公司和对外直接投资的理论研究主要以制造业企业为研究对象，而对服务业国际化的研究并没有得到足够的关注。随着服务业企业在全球经济中的地位不断上升，服务业企业对外直接投资活动也不断增加，逐渐成为全球对外直接投资活动的主导力量。因此，对服务业企业的国际化研究要充分考虑服务业企业经营发展中的特殊性。

学界对服务业企业国际化实践的解释尚未形成统一的共识。一方面，不少学者认为没有必要建立独立的理论来解释服务业企业的国际化实践，现有的传统国际化理论可以被直接应用到服务业企业上（Boddewyn et al.，1986）。从企业国际化理论的发展来看，许多学者认为服务业企业和制造业企业的国际化动机是类似的，其潜在的原理也是相同的。就产品生命周期理论来看，Vernon（1966）并没有对传统理论的适用性提出过多的限制条件，并直接指出，既然知识的转移可以替代物品的转移，那么针对制造业企业的国际化理论就可以应用到服务业企业的国际化实践中。从内部化理论来看，Buckley 和 Casson（1976）认为服务业企业通过对中间市场进行内部化，也会产生相应的竞争优势。服务业市场中买方的不确定性往往是导致市场不完全性的重要来源之一，从而提升市场交易成本，因此将市场内部化对于服务业企业降低成本、获取竞争优势也至关重要，而对外直接投资则是跨国界内部化的重要途径之一。从国际生产折衷理论来看，Dunning（1989）将其以制造业企业为研究对象所提出的国际生产折衷理论扩展到服务业企业，强调 OLI 范式对于服务业企业也同样适用，对服务业企业的所有权优势、区位优势和内部化优势等进行了具体的阐述，并提出了一些服务业企业进行对外直接投资活动时特有的竞争优势。因此，许多学者认为，基于制造业企业实践发展和建立起来的传统国际化理论对于服务业企业而言同样适用，只是需要考虑服务业和跨国服务的特殊性（Terpstra，1988）。基于这个观点，不少学者通过实证研究将传统企业国际化理论应用到服务业企业的国际化中，如跨国旅游业、跨国酒店业、跨国广告业和跨国银行业等。尤其是在银行业，有不少实证研究分析传统国际化理论在银行业国际化上的适用性（Rugman，1981）。

另一方面，随着服务业企业的发展和企业国际化理论的不断发展和成熟，也有不少学者对传统企业国际化理论的适用性提出了质疑。区别于制造业的特殊性服务业企业在国际化上也有着鲜明的特征。首先，与制造业企业相比，由于服务的产生和提供需要与客户进行更为密切的交流及联系，服务业企业在进行跨国经营时面对的语言和文化障碍更为严峻，企业需要更努力地学习与适应当地语言和文化环境才能保证服务的质量（Kostova & Zaheer，1999）。其次，与制造业企业相比，服务业企业的经营和发展更受政府制约（Campbell & Verbeke，1994），国际化发展时的跨国经营范围和海外市场进入形式也更受限制。最后，由于不少服务的提供要求生产和消费同时进行，并且往往需要两者在同一地方进行，这就需要企业在进行国际化时不能以出口、许可证经营等形式进入海外市场，而需要在当地设立相应的机构（Capar & Kotabe，2003）。

从服务业国际化的相关研究来看，目前对于服务业企业国际化实践是否需要建立独立的理论来解释和分析，学界仍存在较大的争议。但不可否认的一点是，服务业企业在国际化实践中与制造业相比，确实存在一定的特殊性。以 Dunning 的国际生产折衷理论为研究框架，服务业跨国企业在所有权优势、区位优势以及内部化优势方面都与制造业跨国企业有着显著的区别。

第一，从所有权优势来看，服务业跨国企业的竞争优势主要体现在服务质量、品牌形象、范围经济、知识和技术等专有资产上。首先，服务质量作为企业竞争优势的重要来源，对于服务业企业而言至关重要（Terpstra，1988）。企业只有创造并保持良好的品牌形象和商业信誉，才能在跨国经营时有更强的讨价还价能力，这在酒店业和快餐业中体现得尤为突出。其次，提供服务所需的硬件设施和服务网络等的利用率是企业实现范围经济的重要来源（Capar & Kotabe，2003）。例如，在零售服务业，其存储的商品数量越多，种类越广，对供应商就越有讨价还价的能力；其提供的服务网络在地理位置上对于目标客户而言越便利，相应的交易成本就会越低。最后，与制造业企业相比，服务业企业的竞争优势主要体现在软技术上，即信息和人力资源等（Fosfuri et al.，2001）。服务业企业的价值创造很大程度上依靠人力资源，而不是物质基础设施。这就使得知识积累和学习能力对于服务业的跨国企业而言尤为重要。服务业企业作为知识密集型企业，知识、人才和信息是企业发展并保持竞争优势的源泉，企业需要不断地学习和强化以保留这种优势（Erramilli & Rao，1993）。从这一方面来看，逆向知识溢出对于服务业企业的跨国经营至关重要。

第二，从内部化优势来看，服务业市场的不完全性使得将市场内部化对于服务业企业跨国经营而言更为重要（Carman & Langeard，1980）。首先，由于服务的特殊性，服务业企业不太可能采取出口、许可证经营等方式进行海外投资，否则会影响服务的整体性和质量，也会提高转移和接受服务的成本（Capar & Kotabe，2003）。其次，服务市场中买家的不确定性是市场不完全性的主要来源之一（Terpstra，1988），导致企业通过外部市场寻求买家并与其谈判的交易成本大大增加，而跨国企业内部化在一定程度上可以避免或者降低买家不确定性所带来的成本。最后，将市场内部化还有利于服务业企业无形资产的积累和保护，如商标、人才等（Fallick et al.，2006）。基于知识、信息、人才等无形资产对于服务业企业的重要性，知识密集型服务业企业只有将市场内部化，才能对这些核心资产与优势资源进行保护和更好地利用。

第三，从区位优势来看，由于客户资源对于服务业企业的经营和发展至关重要，服务业企业进行跨国经营时更倾向于选择与母国语言、文化、风俗习惯等较相似的东道国市场（Sharma & Johanson，1987）。当地市场的规模和未来发展对于服务业企业的区位选择也有一定的影响，尤其是旅游业企业。此外，由于服务业企业受制度环境和政府管制的限制较明显，服务业企业在进行东道国区位选择时也会考虑东道国当地政府对市场及本行业的政策、管理和控制等，并往往会选择与母国制度环境相对较接近的东道国市场（Marano et al.，2017）。人才市场和自然资源也是服务业企业考虑区位选择的重要因素。由于客户资源对于服务业企业的重要性，不少服务业企业更倾向于采取跟随客户型战略进行国际化，如银行业（Kindleberger，1983）。因此，服务业企业在区位优势上受制度环境、客户资源等影响较显著。

从上述分析中可以看出，服务业企业国际化与制造业企业国际化的区别主要体现在：服务业企业国际化时拥有的所有权优势往往侧重品牌形象、人力资本等无形资产方面，即“软”技术（Jaffe et al.，1993）；而制造业企业的所有权优势则以“硬”技术为核心。服务业企业在海外区位选择和海外市场进入方式的选择上也更容易受到客户资源、制度环境等限制（Zaheer，1995），相对于制造业企业而言，服务业企业的国际化扩张成本往往较高（Capar & Kotabe，2003）。

2.2.2 银行国际化的特点

银行的国际化经营，是指银行为了在国际金融市场上提供全球性的金融服务，通过在海外设立分支机构或者代理机构，形成全球性的网络布局，实现资本国际化的跨国经营（张邯玥、田高良，2006）。作为服务业企业，商业银行的国际化现象既具有一般服务业企业的特殊性，也有银行业自身的特点。随着经济全球化的发展、非金融企业国际化的加剧和各国金融管制的放松，越来越多的商业银行开始进行跨国经营，通过在海外市场设立新的分支机构实现国际化，银行业的国际化已经不再是一个新的现象（Slager，2005）。商业银行国际化的特殊性主要体现在以下四个方面。

第一，作为服务业，商业银行的服务也存在着生产与消费的不可分离性（Boddewyn et al.，1986），如银行向客户提供贷款业务等。此外，银行业作为一国经济和金融发展的命脉，不仅有着较强的垄断性质，而且有着较高的进入壁垒。这使得商业银行国际化时面临着较高的市场进入成本，如进入东道国前的服务设施建设等（Capar & Kotabe，2003）。

第二，除了传统企业国际化理论强调的市场扩张型国际化，商业银行往往更倾向于跟随客户到海外市场进行跨国经营（Kindleberger，1983）。银行业品牌形象、客户资源以及银行声誉等的重要性使得商业银行为了保留现有的客户资源，往往倾向于跟随已经国际化的企业客户，到海外市场为企业提供更好的服务（Mutinelli & Piscitello，2001）。跟随客户型国际化战略的优点在于，商业银行可以利用既有的声誉、品牌形象、对企业信息和业务的熟悉度，快速开展海外市场业务，减小了在东道国市场，尤其是在竞争较为激烈的金融中心的生存压力和退出风险；其缺点在于海外市场的区位选择受制于大企业客户的国际化战略布局，银行对自身的全球网络布局处于被动地位（Kindleberger，1983）。有研究发现，发达国家的商业银行更倾向于激进式的市场扩张型国际化战略，而新兴经济体商业银行更倾向于较为保守的跟随客户型国际化战略（Petrou，2007）。其中，可能的原因在于不少发展中国家出于经济发展和金融稳定的目的，大多采取金融抑制政策，银行业受政府政策和监管环境的限制过多，也抑制了银行自身的效率水平和创新能力，进而只能采取保守的跟随型国际化战略。

第三，银行业作为一国经济发展和金融稳定的命脉，往往受政府的控制较多（Campbell & Verbeke，1994）。银行业作为一国经济和金融发展的命脉，通常不是完全竞争的，而是寡头垄断的（Berg & Kim，1994）。目前，随着金融自由化的发展，不少发达国家的金融市场环境日趋完善，对银行业的监管环境也逐渐成熟，政府对于银行业的参与和控制程度逐渐减弱。然而，相较于发达国家，很多发展中国家为了金融稳定和经济发展，大多仍采用金融抑制政策，为了弥补金融市场在经营机制和监管环境方面的不完善，政府对银行业经营的参与和控制程度较大（Caprio & Honohan，1999）。发展中国家的很多大型商业银行都是国有性质，银行业较高的垄断程度不仅影响了银行的经营效率，也抑制了金融创新（Dopico & Wilcox，2002）。不少新兴经济体为了保护当地银行的经营和发展，对外资银行的进入有着严格的限制（Degryse & Ongena，2004）。

政府对于银行业的过多参与和控制对商业银行的经营效率、经营风险与创新能力等都有一定的影响。政府对银行业的参与和控制虽然有利于金融稳定，但是由于政府考虑经济、社会、政治等多个方面的因素，往往不能成为很好的银行家。政府在银行所持有的股份多，可能与银行较低的经营效率有关（Barth et al.，2004）。如果存款和贷款业务中的很大比例都集中在国有银行，那么国有银行由于稳定的业务来源，可能不太关注如何提高自身的经营效率，存款人与债权人可能不太会去关注和评估银行的健康状况。此外，由于政府对银行业经营管理的参与和限制，国有银行往往不能遵循发放贷款的独立原则，反而可能存在不少“关系贷款”，即由于政府的参与而对相应的企业发放贷款。“关系贷款”的增加容易使信贷风险过度集中，信贷风险的评估缺乏客观性。

新兴经济体的大型商业银行大多为国有银行。这些大型国有商业银行的经营发展往往受国家和政府方面的制度压力较大，而并不仅仅基于一般企业管理中对利润最大化和风险最小化的综合考虑（Yang，2016）。新兴经济体中银行业受到的制度压力一般是国家和政府出于对整体金融市场稳定发展的考虑，这也为大型国有银行提供了制度保护。国有银行一般都有稳定的业务来源和主导性的市场份额、资产规模等，使得它们能够以稳定的利息差作为主要收入，但是也限制了它们在金融产品和风险管理方面的创新能力（Dopico & Wilcox，2002）。由于新兴经济体的金融市场不够发达，信息不对称问题较严重（Vives，2006），商业银行的经营效率容易受到低效监管的负面影响。自 2008 年国际金融危机爆发以来，新兴经济体的金融市场风险一直处于上升趋势（Rhodes，2015）。基于上述新兴经济体制度环境对商业银行的约束和限制，商业银行进入金融市场较为发达、监管健全且严格的发达国家时，制度环境差异不仅使商业银行难以在当地市场取得组织合法性和本土化，也使知识溢出受到负面的影响。

第四，银行业与制造业企业有着密切的联系（Kindleberger，1983）。商业银行虽然与一般制造业企业在经营和国际化方面有着显著的区别，但是作为金融服务业公司，其与制造业企业的联系具体表现在以下几个方面。①经营业务上的密切联系。商业银行的经营对象一般是制造业企业，主要为企业提供货币收支、借贷以及其他相关金融业务（Aliber，1984）。②发展上的密切联系。一方面，制造业企业需要依靠商业银行办理存款、贷款、结算以及其他金融服务；另一方面，商业银行需要通过企业的闲置资金获取资金来源，通过企业贷款获取利润。制造业企业是商业银行经营的基础，商业银行的发展离不开企业的发展。③与社会关系的特殊性。资金融通是经济发展的重要支撑。从这个意义来讲，一般制造业企业经营的好坏可能只影响到股东、员工等直接利益相关者，而商业银行的经营和发展可能会影响到整个社会的经济发展及稳定，进而影响到制造业企业的经营和发展。

2.2.3 银行国际化理论

作为服务业，银行在国际化进程中与制造业企业的差异性和特殊性逐渐得到越来越多的学者的关注。虽然不少学者强调传统企业国际化理论对银行国际化仍具有重要的理论价值，但是基于一般服务业企业的国际化特点和银行国际化的特殊性，不少学者以跨国银行为研究对象，对传统视角的企业国际化理论进行了一定的理论创新。

（1）跟随客户理论

基于上述银行业经营和国际化的特点，以及银行与企业间的密切联系，有学者认为，银行国际化是为了向制造业企业提供更好的服务，进而跟随企业向海外市场进行扩张（Kindleberger，1983），即银行国际化是由企业对外投资或者跨国贸易引起的。根据国际贸易和对外直接投资的不同引导，银行国际化可以进一步分为贸易引导型国际化和投资引导型国际化。

第一，贸易引导型国际化。一般而言，商品和服务跨国界的流动都需要货币的跨国界转换。因此，国际贸易与跨国银行的发展密切相关，跨国银行可以通过在母国主要的贸易伙伴国设立分支机构以服务于贸易结算与支付，从中获取稳定的中介收入（Aliber，1984）。商业银行在海外设立分支机构，不仅能为客户在获取外币时提供便利和可靠性，也能提高本国出口商的竞争实力。有研究表明，母国与东道国间双边贸易额越大，商业银行在东道国设立分支机构的可能性越大（Goldberg & Johnson，1990；Mutinelli & Piscitello，2001）。

第二，投资引导型国际化。除了国际贸易，商业银行国际化也为国内企业进行 FDI 提供了持续性的金融服务（Aliber，1984）。商业银行作为服务业企业，其发展与制造业企业的发展是密不可分的，因此企业跨国贸易和对外投资的增加往往能带动银行业的国际化发展，进一步促进银行网络布局的全球化。对于商业银行而言，企业客户相对于个人客户而言是银行重要的客户来源，所以当企业客户开展海外业务时，商业银行为了继续为这些客户提供各种生产性融资就会跟随它们去东道国进行投资设立分支机构（Levine，1997）。另外，商业银行采取跟随客户型战略进行海外扩张，也是为了回应本国其他银行的竞争，保护商业银行与企业客户间的合作关系。也有学者通过进一步的分析，认为跨国银行发展到一定阶段，反过来又会起到引导国内企业“走出去”进行跨国经营的作用，即银行在国际化中的角色往往是双重的，既有可能是跟随者，也有可能是领导者（Kindleberger，1983）。

（2）比较优势理论

Aliber（1976）将国际贸易理论与产业组织理论结合起来，用以分析商业银行的跨国经营，形成比较优势理论。该理论强调，银行的国际化主要受母国与东道国间经济环境差异的影响，银行到海外市场进行扩张往往是因为东道国的银行业整体经营效率和金融监管环境相对于母国有较强的比较优势，使得银行能在一定程度上降低经营成本，提高经营效率。存贷款的利率差是商业银行获取利润的主要来源。然而，各国不同的金融管制环境，不仅使得各国间存在一定的货币贸易壁垒，也使得各国间存贷款的利差存在着较大的差异。而各国间长时间的利率差异则是银行跨国经营的主要动因。

在此基础上，不少学者针对各国银行业市场结构的差异对银行跨国经营的动因进行分析，认为银行业市场结构差异是导致各国利率差异和银行业整体效率差异的核心原因（Brimmer & Dahl，1975；Goldberg & Saunders，1981）。在银行业市场集中度较高的国家或地区，银行的经营效率往往较高，但是其利润水平相对较低，所以更倾向于向海外市场进行扩张，以寻求更多的市场机会。除了利率差异和银行业市场结构差异，也有不少研究从金融市场规模、是否拥有国际金融中心、金融体系稳定性、经济发展状况等方面分析国家间的比较优势，以探讨银行跨国经营的动因（Buch，2000；Di Giovanni，2005；Focarelli & Pozzolo，2005）。总体而言，东道国的金融市场规模大、拥有国际金融中心，或经济增长率上升等，都会促使银行向海外市场开展国际化经营。

除了国家层面的比较优势，为了解释不同国家的银行之间的比较优势，Aliber（1976）利用Q比率，即银行股票市值和账面价值之比，来衡量银行资金成本，并强调银行资金成本的高低决定其扩大市场份额的能力。当Q比率大于1时，银行往往选择海外扩张以降低资金成本；而当Q比率小于1时，银行则会收缩国际化的规模。然而，从实际情况来看，不少国家或地区利率高不是银行效率普遍较高带来的结果，而是政府干预造成的。在这种情况下，按照Aliber的比较优势理论，银行应该不设立海外分支机构，而是通过自身的境内机构进行跨境交易，以实现资本的跨国流动。此外，比较优势理论虽然解释了具有比较优势的银行为什么会进行海外扩张，但是无法解释为什么具有比较优势的银行会创造和创新金融产品。

（3）规避管制说

由于资本市场对于一国经济发展和社会稳定的重要性，政府对银行的监管往往格外严格（Barth et al.，2004），也使得银行的经营、发展乃至国际化都受到经济、社会甚至政治环境的影响，即制度环境限制着银行的经营发展。Kindleberger（1974）通过研究发现，不少国家在对银行业的监督管理方面存在着内严外松的问题，这就使得外资银行由于金融监管的不足和漏洞而降低了经营成本，进而提高了经营效率和利润水平。根据这一研究，不少学者发现东道国对银行业的监督和管理程度，尤其是对外资银行的监管，对银行的跨国经营有一定的影响，即规避管制说（Goldberg & Grosse，1994）。根据规避管制说，东道国对外资银行进入的监管和约束越少，银行就越有可能进入该国家或地区开展国际化经营。

一般而言，影响银行跨国经营的制度环境因素主要有以下三个方面。第一，母国与东道国之间的经济关联程度。依据引导效应假说，商品和服务跨国界的流动都需要货币的跨国界转换，母国与东道国间的双边贸易和投资流量是促进银行进行跨国经营的直接动力（Goldberg & Johnson，1990）。第二，东道国的未来经济发展趋势和母国银行业的竞争程度。东道国市场较高的人均收入和经济增长率，不仅反映了银行业潜在的市场规模，而且为银行业在东道国市场的经营发展提供了足够的动力（Claessens et al.，2001）。第三，东道国对外资银行的监督和约束程度。东道国对外资银行的准入门槛、健全的法律体系、税收激励等都直接影响着银行跨国经营的决策。

虽然规避管制说考虑到了金融监管对于银行业经营发展的重要性，从东道国对外资银行的约束程度分析银行国际化的动因，但是银行在东道国市场跨国经营时也面临着母国与东道国之间制度距离所带来的外来者劣势。作为重要的经济资源市场，金融行业的市场准入、并购审核等都会对该国家或地区的社会、经济、政治、金融等方面产生影响。因此，各个国家或地区对海外银行的进入都会采取或多或少的约束和限制。此外，不同国家对金融行业的监管和法律环境也是不尽相同的，且除了监管和法律环境，东道国当地的文化、习俗、宗教等环境也对海外银行的经营有着重要的影响（Miller & Eden，2006；Salomon & Wu，2012）。银行在进行海外扩张时，为了更好地实现本土化经营，不仅要了解当地客户的需求，发展并扩大客户资源，而且要通过雇用当地员工，利用其在当地银行的工作经验或者东道国的教育资源和人才市场，更好地开展本土化经营，减小海外银行由于不熟悉东道国制度环境而可能面对的风险和成本（Almeida & Kogut，1999）。因此，从一方面来看，东道国的制度环境可能对银行的跨国经营有一定的促进作用，如经济发展、对外资银行进入模式放宽以及监管和约束力度较小等；从另一方面来看，东道国与母国的制度环境差异也对银行跨国经营有着较大的影响（Kostova & Zaheer，1999），当东道国金融监管政策有利于银行跨国经营时，东道国当地的文化、习俗和宗教等其他制度环境与母国差异较大，也会对银行业在当地经营造成一定的障碍和约束。

根据上述针对银行业国际化动因的理论研究，可以看出不少学者结合商业银行的特殊性对银行国际化现象进行了理论创新。但是，目前对于银行国际化相关研究的理论基础仍然建立在企业国际化理论之上，并未从根本上考虑银行国际化中的特殊性。此外，不同的银行由于不同的战略计划、制度环境背景、发展阶段等，其国际化路径往往是不同的，这在当前的银行国际化相关研究中并没有得到足够的关注。

2.3 知识溢出相关研究

2.3.1 知识溢出的定义与发生机制

知识溢出，是指知识在同一行业或地区的不同组织间的传播、扩散、转移和吸收等（Marshall，1890）。与知识转移不同的是，知识溢出是知识在人或组织间的无意识传播，而不是有意识的交流。作为最早阐明知识的积累过程及其经济含义的学者，Arrow（1962）认为知识是具有溢出效应的公共品，知识通过企业在生产经营中不断积累经验而得，再溢出到其他企业，被其他企业所用以提高总体的生产率。Romer（1986）认为，知识的非竞争性和部分排他性是产生知识溢出的重要基础，将知识分为一般性知识和专业性知识，强调一般性知识是全社会产生规模经济的根本原因，而专业性知识则是个别企业产生垄断性利润的根本原因。

关于知识溢出的研究最初聚焦于企业微观层面上，即以企业为研究对象，通过知识生产函数，将知识和技术等作为创新活动投入，进而分析企业的创新产出。企业通过积累生产经验所产生的新知识促进企业自身生产率的提高，也通过知识溢出促进其他企业的创新活动，进而产生新的知识溢出，使得创新活动的收益递增（Arrow，1962）。此外，知识溢出也会使得企业对其他企业所创造或积累的新知识的依赖性增强，进而减弱企业自主创新的动力（Romer，1990）。但是，由于知识往往是隐性的、复杂的，其商业化不仅需要较长的时间周期，商业化价值的大小也往往是模糊的，因此创新的投入与产出之间往往没有直接的决定性关系，企业创新活动以及新知识的创造对企业绩效和生产率的提高也没有直接的影响。

在关于知识溢出的研究中，仅仅将企业作为研究对象是不够的，更要考虑企业所处的行业和地理区域等（Audretsch & Feldman，2004）。基于从空间上研究知识溢出的角度，不少学者从产业组织层面上分析知识的外部性，以及知识溢出和企业集聚、创新活动的关系。首先，知识溢出和企业集聚之间存在着内生性的互动关系。集聚内部产生的知识溢出往往是促进区域经济增长的核心动力（Freeman，1991）。知识溢出的存在使得知识积累和商业化的成本降低，提高了企业对其他企业所拥有知识的认识，并增强了企业间交换信息与交流的可能性和意愿，促进了经济活动在空间上集聚的可能性，并通过集群的发展促进了创新活动的增长，因此知识溢出是企业集聚的重要原因之一（Costa & Iezzi，2004）。其次，知识溢出不仅促进了区域经济增长，也促进了区域创新网络的发展和创新能力的增强（Freeman，1991）。反过来，区域创新能力也会影响知识溢出的产生，自主创新能力较强的企业集群往往更容易产生知识溢出（Jacob & Szirmai，2007）。

除了产业组织层面，也有学者从地理区域层面探讨知识溢出对投资贸易等的影响。某一特定区域如果有知识溢出的存在，往往会促进当地区域的经济增长（Grossman & Helpman，1991）。而相对落后的区域如果想获取其他企业的知识溢出，就必须具备一定的知识储备和吸收能力，即吸收并利用外部知识的能力（Girma & Görg，2007）。因此，当来自发达国家的跨国企业到相对落后的东道国进行海外投资时，往往通过对当地企业产生示范作用、与当地企业直接或间接的合作等机制向当地企业产生知识溢出（Blomström & Kokko，1998）。

知识溢出存在和产生的重要性毋庸置疑，因此除了在企业微观层面、产业和区域的宏观层面上分析知识溢出，还要进一步地分析知识溢出发生的具体机制。从根本上而言，知识的外部性特征是导致知识溢出发生的根本原因（Blomström & Kokko，1998）。由于知识溢出的本质在于知识在更大程度上成为社会上的公共所有品，即知识的社会回报率，因此知识溢出往往使得通过信息交流获取知识溢出的企业受益，并不能给知识的创造者带来补偿或者收益（Caniëls，2000）。知识溢出的产生往往是无意识的、被动的，是通过不同经济主体间直接或者间接的交流和互动，进而使得知识发生传播和转移的过程（Spencer，2008）。这一过程在空间范围上既可以是大范围的，也可以是小范围的。一般而言，显性的知识，即容易编码、记录并传授的知识，往往以专利或者其他书面形式存在，适用范围较广，容易在企业间发生转移和复制，可以在较大的范围内发生知识溢出；而隐性的知识，即难以编码、记录并传授的知识（Almeida & Kogut，1999），往往内嵌在企业的专业人才、管理团队、企业文化等中（Jaffe et al.，1993），其溢出的发生需要企业间长时间地观察、交流和沟通，甚至需要面对面地交流和互动，因此只能在较小的地理范围内产生知识溢出。根据企业间互动和交流的方式不同，知识可以通过不同的途径在企业间产生知识溢出。

首先，人才流动是企业获取知识溢出的根本途径（Fosfuri et al.，2001；Glass & Saggi，2002；Fallick et al.，2006）。企业形成竞争优势的创造性资产往往都是隐性知识，而隐性知识一般都是根植于个体内的（Jaffe et al.，1993）。因此，企业间的人才流动是隐性知识溢出的主要途径。人才在不同区域和不同企业之间的流动不仅能加快不同企业间的交流，促进知识在不同企业间的传播，还能促进新知识的创造和技术的进步（Almeida & Kogut，1999）。人才流动不仅能促进知识的传播和创造，还能利用社会网络影响知识溢出的效率。社会网络能够将不同的个人、组织等在共同信任、理解的基础上连接起来，并基于社会网络促进信息的有效交流、知识的流动和扩散，以促进知识溢出（Cockburn & Henderson，1998）。除了通过人才在不同企业间流动直接促进知识溢出，人力资本对企业吸收能力的大小也有着至关重要的作用（Lane & Lubatkin，1998）。企业吸收能力是指企业吸收与利用新技术和新知识的能力，企业吸收能力越强，在知识溢出中获取和吸收知识的效率越高（Lane et al.，2001）。由于企业吸收能力一般与企业的知识储备密切相关，而企业的人才储备决定着企业的知识储备，因此人力资本的丰富程度对企业的吸收能力起着决定性作用（Los & Verspagen，2000）。

其次，研发合作是企业获取知识溢出的直接途径。作为知识创造和知识溢出的重要源泉，高校、研究院和企业研发部门之间的交流与合作为知识溢出创造了良好的条件。这种交流与合作既可以是正式的，也可以是非正式的。正式的合作一般包括企业与研究型大学间人才交流和就业的合作协议、特定领域或行业的学术研讨会以及建立创新网络等（Cantwell & Mudambi，2011）。非正式的合作是指通过企业家、企业技术人员和大学研究人员等之间的非正式的社会网络形式，以实现技术与知识的溢出（Funk，2014）。知识溢出的产生，不仅需要不同群体间互相交流和互动，也需要不同群体拥有有价值的知识资源，即知识池（knowledge pool）（Yang et al.，2010）。而大学和研究院作为企业开展创新活动的重要源泉与核心力量，往往是形成知识池的重要来源（Feldman & Francis，2002）。从根本上而言，企业与研究型大学或者研究院通过研发合作促进知识溢出的途径，仍然是技术人才之间的交流与互动（Charlot & Duranton，2004）。

最后，跨境贸易投资是当前企业获取知识溢出的重要渠道（Blomström & Kokko，1998；Spencer，2008）。随着经济全球化的不断深入，商品的跨国贸易和企业的跨境投资日益增长，给技术发展和创新能力不足的落后地区的企业带来了模仿创新与学习技术、知识的机会（Jordaan，2005）。第一，跨国贸易不仅将商品流通到海外市场，也使得嵌入在商品中的技术和知识发生跨境流动，为技术发展较落后地区的企业带来了通过模仿创新提高自身技术水平和竞争力的机会（Keller，2002）。第二，除了跨国贸易，企业对外直接投资活动也为技术发展较落后地区的企业获取知识溢出提供了机会。从直接效应上看，拥有先进技术的跨国企业在当地开展对外直接投资活动，不仅可以对当地企业产生示范作用，促使企业通过模仿学习提升自身技术水平，而且可以通过与当地企业合作合资，实现知识的直接转移或者间接溢出（Blomström & Kokko，1998）。从间接效应上看，拥有先进技术的跨国企业在当地进行经营，在一定程度上提高了当地市场的准入门槛，对当地企业产生竞争和威胁，使得企业为了生存下去，不得不提升自身技术水平和竞争力（Rosengren & Jordan，2000）。跨国企业在当地开展经营时，也可能通过与当地企业共同的顾客、供应商、分销商等与企业形成间接联系，即上下游联系，进而促进当地企业获取知识溢出。

2.3.2 服务业企业知识溢出的特点

由于服务业企业存在着人才密集、信息密集以及生产和消费同时进行的特点，服务业企业间的知识溢出有着显著的特点。

第一，服务业企业间的知识溢出更依赖人才流动。相对于制造业企业而言，服务业企业的价值创造更依赖人才，而不是技术（Erramilli & Rao, 1993）。一般而言，制造业企业的技术优势属于“硬”技术，即体现在产品的生产和加工过程中的工艺与设备等技术；相应地，由于服务业企业提供的服务与产品不同，往往具有无形性、非持久性等特点，所以服务业企业的技术优势属于“软”技术，即体现在职业技能、服务质量、管理和激励水平等方面（Terpstra，1988）。而这些“软”技术使得服务业企业的经营更加重视人力资本的投资，而不是研发和创新活动的投入。由于服务的定制性、无形性等特点，相对于有形产品而言，服务往往都是以知识为基础的，人力资本在服务业中很重要。决定企业竞争优势的创造性资产往往都是隐性知识（Kogut & Zander，1993），而隐性知识重要的载体之一就是人才（Jaffe et al.，1993），因此企业间的人才流动往往与知识溢出相伴而行。服务业企业一般都要通过吸引和培训高素质、高质量的员工提高自己的服务能力（Bassi & Mcmurrer，2007）。服务业企业对人力资本的重视使得服务企业间的知识溢出更依赖于人才流动效应。

从银行业方面来看，高素质、高质量的人才往往居住在具有丰富就业机会的地理区域（Jacobs，1969），很多优秀的知名金融分析师主要分布在各个全球金融中心，如纽约、伦敦、法兰克福和东京等（Glaeser，1997）。商业银行的核心知识往往更受周围制度环境限制，因此新兴经济体商业银行为了获取更多更有价值的知识溢出，就必须主动接近高素质金融人才聚集的地方（Tschoegl，2002），而这些地方往往都是发达国家商业银行经营发展的地方。

第二，服务过程的信息密集性使得服务创新更容易发生扩散和溢出。传统的专利技术法对于服务业企业创新成果的保护作用甚微，服务业企业创新的关键不是制造业企业创新中的刚性技术，而是柔性的差异化服务

（鲁若愚等，2000）。制造业企业中的技术创新往往是一种有形的活动，其结果一般是看得见、摸得着的，而服务业企业的创新是一种概念性和过程性的活动，其结果可能是无形的概念、标准或者过程等。此外，服务业企业的创新范围也较广，既可以是渐进式的小变化，也可以是根本性的重大变化。这些特征不仅使服务业企业的创新成果难以得到有效的保护，也使服务业企业间的知识溢出更容易发生。

第三，服务业企业生产和消费的不可分离性使得知识溢出更具有区域局限性。服务创新更针对消费者而不是产品，因此消费者往往是推动服务创新和质量提升的重要力量，甚至有可能是服务业企业创新活动的共同参与者，通过对服务更高的需求对拉动企业创新和提升自身服务水平产生直接的影响（Terpstra，1988）。消费者的行为往往都是因市场的不同而有一定的差异，因此，服务业企业基于消费者创造和积累的服务创新与知识技术只局限于当地市场（Almeida & Kogut，1999）。相较于制造业企业，服务业企业往往没有统一的质量标准。服务业企业中的生产和消费一般是不可分离的，与消费者接触是服务性运作的重要内容，因此客户资源和企业品牌形象对于服务业企业而言尤为重要。这些特点使得服务业企业间的知识溢出更容易受到地理位置和制度环境的约束与限制。

2.3.3 FDI活动中的知识溢出

在当前经济全球化发展的背景下，跨境贸易投资已成为企业获取知识溢出的重要来源。目前，对企业FDI活动中知识溢出的研究主要聚焦于跨国企业对东道国企业的知识溢出（Jordaan，2005；Liu，2008；路江涌，2008；亓朋等，2008；Deng et al.，2011；Wang et al.，2012）。根据以往文献研究，本书延续企业集聚中的知识溢出概念，将FDI活动中的知识溢出定义为跨国企业通过FDI活动使本土企业受益的正外在性。FDI中的知识溢出也是无意识的、被动的。虽然开展FDI活动的跨国企业出于保护自身知识和技术优势的考虑，不希望发生知识溢出，并且一般会采用战略性的隔离机制，通过防止其他企业模仿来限制对本地企业的知识溢出（王益民、宋琰纹，2007），但任何企业都不是在真空中进行经营的（朱华晟，

2004；张晔、梅丽霞，2008）。跨国企业到东道国经营，便会与当地企业产生互动和交流，进而可能产生知识溢出。根据 Blomström 和 Kokko（1998）的总结，FDI 活动中的知识溢出一般有以下四种可能的机制。

第一种机制是示范效应，即落后企业通过与先进企业接触，观察其好的技术和管理实践并在自己的实际运营活动中进行模仿，从而提高其生产率（Spencer，2008）。落后企业与先进企业之间的技术和效率差距是示范效应产生的决定性因素，技术差距越大，落后企业潜在的学习和模仿机会越多，因此示范效应效率可能越高（Glass & Saggi，1998）。跨国企业在对外直接投资时拥有的技术和知识资源都是在母国环境下创造并积累的，因此投资输出国与投资输入国的技术差距越大，跨国企业与东道国当地企业的技术差距越大，技术扩散率就越高，越容易发生知识溢出（Girma & Görg，2007）。对于新兴经济体企业而言，发达国家的跨国企业往往拥有新兴经济体企业所缺少的技术和知识，即企业间的技术差距较大，因此发达国家跨国企业到新兴经济体市场进行投资时，容易对当地企业产生知识溢出（路江涌，2008；亓朋等，2008）。例如，外资银行到中国进行投资，中资银行通过学习和模仿，引进信用卡和个人金融产品业务（Deng et al.，2011）。

第二种机制是竞争效应，即本地企业由于外资企业带来的竞争压力，不得不降低成本，提高效率（Blomström & Kokko，1998）。这种竞争效应主要取决于外资企业与本土企业间的市场共通性和资源相似性（Chen，1996；Chang & Xu，2008）。新兴经济体市场上的平均技术水平和管理水平相对较低，发达国家跨国企业到新兴经济体进行直接投资时，由于自身拥有较高的技术和管理水平，相对当地企业拥有较强的技术比较优势，往往能获得更多的市场份额和利润，打破了当地市场的原有均衡，提高了当地市场的准入门槛，并加剧了企业间的竞争（邓子梁、陈岩，2013）。当地企业为了继续存活下去，应对外资企业的竞争，就会提高自身技术水平和资源利用率，增强市场竞争力（Zhang et al.，2010）。例如，发达国家跨国银行进行海外投资时往往对东道国当地的监管环境提出较高的要求，进而削弱东道国政府和制度环境对金融体系的制约与影响，从而提升东道国当地银行业整体的效率水平（Rosengren & Jordan，2000）。由于新兴经济体企业模仿和学习的最终目的是积累自身创造性资产，提高自身竞争力，进而在未来的市场上与发达国家企业相抗衡，知识溢出对发达国家跨国企业存在潜在的威胁和成本，所以它们与新兴经济体当地企业之间的竞争往往不是帮助当地企业提升效率水平的良性竞争，而是将当地企业排挤出市场的排挤效应（Chen，1996；Chang & Xu，2008）。

第三种机制是上下游联系，即外资企业为确保供应商或者经销商提供的产品或服务的质量，向其传递知识、技术支持或者管理团队，而本土企业通过与相同的上下游企业进行合作，进而间接获取外资企业所拥有的知识或技术（Kokko，1992；Blomström & Sjöholm，1999）。发达国家跨国企业在进行海外投资时，会在东道国选择一定的供应商，以为企业提供生产所需要的原材料、零部件或者半成品等。而为了保证企业的整体竞争实力，跨国企业往往会为供应商提供相应的生产性设施，或者提供技术支持、信息服务和管理培训等服务（Capar & Kotabe，2003）。因此，与同一供应商合作的当地企业也会受到相应的技术扩散和知识溢出，从而提升企业自身的信息技术水平和经营管理能力。能够促进知识溢出的上下游联系不仅包括供应商和经销商，还包括当地的研究型大学、研究院等。拥有先进技术和知识资源的发达国家跨国企业如果与东道国当地的研究型大学或者研究院建立长期的研发合作关系，不仅能够使得大学或者研究院融入跨国企业的全球化创新网络中，提升自主创新能力，而且能够使得当地企业通过与相应的大学或者研究院建立合作关系，获取间接的知识溢出（Feldman & Francis，2002）。总而言之，拥有先进技术的跨国企业在东道国与当地的供应商、经销商和研究院等建立上下游联系，使得当地企业获取间接的知识溢出。

第四种机制是人才流动效应，即通过企业间的人才流动促进知识溢出。跨国企业在进行对外直接投资时，为了更好地进行本土化经营，往往需要在东道国雇用对当地文化、习俗、宗教、商业规范以及相关法律法规较熟悉的员工（Fallick et al.，2006）。为了保证产品或者服务的质量，跨国企业可能需要对这些员工进行培训，培训对象不仅局限于生产性操作人员和技术人员，还包括中层管理人员等。而当这些培训过的员工流动到当地企业时，嵌入员工个体的生产技术和经营管理能力也随之外溢到当地企业，进而产生知识溢出（Cockburn & Henderson，1998）。由于使企业拥有竞争优势的创造性资产往往是隐性知识而不是显性知识，而隐性知识大多嵌入在企业的人力资本中（Jaffe et al.，1993），因此人才流动是跨国企业向东道国本土企业产生知识溢出的重要渠道，是当地企业通过模仿创新以实现自身竞争力提升的有力途径。

随着近年来新兴经济体企业 FDI 活动的增加，研究 FDI 知识溢出的学者也开始关注新兴经济体企业在知识溢出中所扮演的角色。但是，目前大多数考虑新兴经济体企业的研究主要关注发达国家跨国企业到新兴经济体市场进行 FDI 活动时如何向当地企业进行知识溢出，并未考察新兴经济体企业作为跨国企业进行 FDI 活动时的逆向知识溢出。

2.3.4 FDI 活动中的逆向知识溢出

根据以往文献研究，本书将逆向知识溢出定义为企业通过 FDI 活动进入海外市场后所获取的知识溢出（Kogut & Chang，1991）。对 FDI 中逆向知识溢出的研究最早源于学者对企业 FDI 动机的研究。企业对外直接投资的动机一直受到学者的普遍关注。起初，除了利用既有垄断优势，不少学者认为企业进行对外直接投资活动也可能是为了利用东道国市场的特有优势，如东道国的自然资源、丰富的廉价劳动力等。随着经济全球化和知识经济的发展，越来越多的企业进行对外直接投资是为了在海外市场上获取技术创新或者知识溢出。Kogut 和 Chang（1991）通过对日本企业在美国的对外直接投资活动进行分析研究，发现日本企业在美国进行 FDI 活动对母国市场上的整体技术水平有着明显的促进作用，即逆向技术溢出效应。紧接着，有不少学者通过对不同国家企业的 FDI 活动进行分析研究，都验证了企业进行 FDI 活动时发生的逆向知识溢出效应（Lichtenberg & de La Potterie，1996）。

然而，有部分学者发现逆向知识溢出现象主要集中在技术密集度较高的行业，如医药、生物技术、电子产业等。企业通过在技术水平较高的国家设立海外子公司，或者收购当地的企业或研发机构，从而进一步提高企业自身的技术水平和创新能力（Serapio & Dalton，1999；Driffield & Love，2003）。除了关于发达国家企业 FDI 活动的研究，新兴经济体企业的 FDI 活动，尤其是对发达国家的投资活动，也对企业的自主创新能力和技术水平的提高有一定的促进作用（白洁，2009；吴先明、糜军，2009）。新兴经济体企业到发达国家进行海外投资时，与当地企业的技术差距较大，容易产生本土企业流向外资企业的知识溢出。

考虑到新兴经济体企业在全球市场中作为“后来者”的角色，其国际化进程相对滞后，目前关于这些企业在 FDI 活动中逆向知识溢出效应的研究尚显不足。早期主导 FDI 活动的主要是发达国家企业（Dunning，1977），而新兴经济体企业的海外投资活动近年来才逐渐崭露头角，引发了学术界的广泛关注。发达国家企业因其在技术、设备、知识和管理资源等方面的显著优势，通常进行海外投资旨在拓展市场、最大化利用其资源禀赋，进而实现利润最大化。因此，在 FDI 活动中，尤其是在新兴经济体进行的投资中，发达国家企业往往扮演着知识溢出源的角色，而新兴经济体企业则更多作为知识溢出的接收者。外资企业的进入不仅为新兴经济体带来了先进的技术和知识，也提高了当地市场的竞争门槛，对本土企业的生存和发展提出了更高的要求（Jordaan，2005；Chang & Xu，2008；Zhang et al.，2010）。

近年来，新兴经济体跨国企业逐渐崭露头角，在国际市场上日益活跃，其 FDI 活动也呈现稳步增长态势。然而，这些企业在开展 FDI 活动时，往往面临技术、资金和人才不足的挑战。值得注意的是，许多新兴经济体企业进行 FDI 的初衷不是单纯为了市场扩张或最大限度发挥自身资源优势，而是旨在通过进入海外市场，获取先进的技术和知识资源，以此加强企业自身的竞争力，提高整体运营效率（Makino et al.，2002）。随着新兴经济体企业 FDI 活动的迅猛增长，学界对这类企业在 FDI 过程中产生的逆向知识溢出效应给予了越来越多的关注。目前，尽管已有研究在这一领域进行了初步探讨，但大多数研究仍主要停留在理论框架内，对于逆向知识溢出的具体机制与影响尚未形成深入的认识。如 Liu 和 Buck（2007）、Filatotchev 等（2009）以及 Liu 等（2010），主要从母公司视角分析了新兴经济体企业的 FDI 活动如何影响其整体效率和创新能力的提升。然而，这些研究尚未充分深入子公司层面，去详细探讨新兴经济体企业在海外市场上如何具体地获取知识溢出，以及这些海外子公司又是如何将所获得的知识有效地转移回母公司。

在探讨 FDI 活动中的逆向知识溢出时，相较于外资企业向本土企业的单向知识传递，逆向知识溢出的过程呈现出其独特性，通常涵盖了两个关键步骤。首先，企业选择在技术领先的国家设立海外子公司，这些子公司通过与当地企业建立合作关系，开展交流活动，从而吸收并获取宝贵的知识溢出。其次，海外子公司将获取的前沿技术与知识，通过有效的内部转移机制，传递回母公司，助力母公司在本土市场上提升技术水平和创新能力。然而，当前关于逆向知识溢出的研究多聚焦于母国企业视角，即分析企业向技术发达国家投资是否对母国企业的技术水平和生产效率产生积极影响，从而整体评估 FDI 活动的逆向知识溢出效应。这种宏观层面的分析往往忽视了逆向知识溢出的具体过程，即海外子公司能否在技术先进的国家或地区成功获取到知识溢出，以及这些子公司如何有效地将这些知识和技术传递给母公司。因此，为了更深入地理解逆向知识溢出机制，有必要从海外子公司的微观层面进行探索分析。通过揭示这一过程中的“黑匣子”，我们可以更准确地了解逆向知识溢出的具体步骤、机制以及影响因素，为企业的国际化战略提供更为精准的指导和建议。

2.4 本章小结

从 Hymer 的垄断优势理论到 Dunning 的国际生产折衷理论，传统的企业国际化理论都以垄断优势为核心，强调企业对外直接投资活动的目的就是将垄断优势的价值发挥到最大化。然而，随着跨国企业研发活动的全球化、跨国并购的兴起和新兴经济体跨国企业的迅速发展，企业进行对外直接投资活动不仅仅是为了利用自身垄断优势，更是为了利用多国家经营既有优势或者寻求有价值的技术资源，形成市场或者技术上的协同效应。由于新兴经济体企业相对于发达国家企业而言，是国际市场上的“后来者”，不仅拥有较少的技术资源和知识信息，也缺乏足够的国际化经验。新兴经济体企业在国际化上有着显著的特征，主要体现在以下几个方面：面临“外来者”劣势和“后来者”劣势的双重困境，更倾向于快速国际化，更倾向于通过跨国并购进行国际化，面临着市场扩张型和知识寻求型国际化的矛盾，制度适应能力和组织创新能力相对较强，等等。基于上述新兴经济体企业国际化的特征，不少学者对传统企业国际化理论进行了一定的创新，提出了小规模技术理论、LLL 理论、知识寻求型国际化理论以及基于制度视角的企业国际化理论等，对新兴经济体企业国际化的现象进行了更好的解释。

新兴经济体企业国际化在实践中的特点和在理论上的创新都凸显了获取知识与技术、提升自身竞争优势对新兴经济体企业国际化发展的重要性。由于在资源禀赋、管理经验和营销技能等方面，新兴经济体跨国企业与发达国家跨国企业都有着较大的差距，为了追赶发达国家跨国企业，快速提高在国际市场上的影响力和竞争力，新兴经济体企业不仅要积极拓展市场实现国际化，而且要注重在国际化中如何获取知识和技术以提升自身竞争优势。知识溢出是企业获取知识和技术、提升自身竞争优势的重要途径，因此新兴经济体企业国际化中如何获取知识溢出则成为一个重要的研究问题。

虽然针对是否需要建立独立的理论来解释服务业企业国际化实践，学界仍然存在不小的争论，但是分析服务业企业国际化时必须考虑服务业企业的特殊性。与制造业企业不同的是，服务业企业的经营和发展不仅受制度环境制约，其生产和消费的不可分离性以及与客户密切交流沟通的需要使得服务业企业在国际化时也面临着更大的成本。因此，相较于制造业企业的技术优势和资源优势，服务业企业更注重人才、品牌、服务、知识、信息等无形资产，隐性知识对服务业企业的重要性使得逆向知识溢出对于新兴经济体服务业企业快速提升服务质量和效率水平而言尤为重要。

商业银行作为服务业企业，在国际化经营和发展上与制造业企业的差异更为突出。银行业受到政府和其他制度因素的制约更为严格，由于银企之间的密切联系，也更关注企业客户的业务需求，一般倾向于采取跟随客户型国际化战略。此外，商业银行在进行海外经营时也容易受到东道国甚至全球范围的经济、政治、法律等环境的影响。银行国际化相关的理论研究虽针对银行业的特殊性对传统企业国际化理论进行了一定的创新和补充，但大多仍未从根本上分析银行业相对传统制造业企业在国际化实践上的特殊性。目前，对银行国际化的研究大多关注其国际化动因（Buch & Lipponer，2007）、在海外市场上的区位选择（Focarelli & Pozzolo，2005）、进入海外市场的方式（Ball & Tschoegl，1982；Erramilli，1991）等，并没有太多研究考虑到服务业国际化的特殊性，更鲜有研究关注银行国际化中的知识溢出现象。

在分析商业银行经营发展和国际化的特点时，本书发现人才、品牌形象、服务质量等知识性资产对商业银行的经营发展和能力提升至关重要。而新兴经济体跨国银行作为国际市场上的“后来者”，对知识性资产和竞争优势的积累还不够，这就使得新兴经济体跨国银行与发达国家跨国银行在业务能力、金融创新、效率水平和本土化经营方面都存在着一定的差距。为了快速追赶上发达国家大型跨国银行，提高在国际市场上的影响力和竞争力，新兴经济体商业银行需要在国际化发展的同时注重知识和技术的获取以及竞争优势的提升。因此，新兴经济体商业银行在国际化中如何获取知识溢出是一个重要的研究问题。

随着知识经济的到来，知识溢出对于企业的技术水平和创新能力提升的重要性不言而喻。为了促进企业间知识溢出的发生，企业间的技术和效率差距、地理距离以及企业自身的吸收能力和知识水平都非常重要。随着经济全球化的发展，跨境贸易和投资逐渐成为企业获取知识溢出的重要形式，尤其是发达国家企业向新兴经济体市场进行 FDI 活动时的示范效应、人才流动效应、竞争效应以及上下游联系等。然而，新兴经济体企业的对外直接投资活动也不断增加，由于新兴经济体企业和发达国家企业之间存在较显著的技术与知识水平的差距，许多新兴经济体企业进行 FDI 时有可能会产生一定的逆向知识溢出。逆向知识溢出一般有两个环节，一是海外子公司在东道国市场上获取知识溢出；二是海外子公司将知识和技术转移到母国市场，为母公司的效率提高提供支持。目前，关于逆向知识溢出的研究仍停留在理论层面，仅有的少数实证研究，大多从总体上分析 FDI 活动是否对企业的效率提高有一定的影响。为了全面地分析逆向知识溢出现象，就必须从子公司层面出发，分析海外子公司在东道国市场上的逆向知识溢出以及海外子公司对母公司的知识转移。

3 核心概念的界定和研究模型的构建

3.1 核心概念的界定

为避免歧义，并便于理论分析和实证研究，现对本书研究中涉及的核心概念进行严格界定。

3.1.1 新兴经济体

（1）新兴经济体的概念

随着新兴经济体经济的发展和崛起，全球经济的重心发生转移，经济增长引擎开始呈现出多元化趋势（Tan，2005）。新兴经济体市场的一系列经济活动引起了社会各界的关注，关于新兴经济体的定义却众说纷纭。此外，关于新兴经济体应该包括哪些国家或地区也没有一个明确的说法。1979 年，经济合作与发展组织（Organization for Economic Cooperation and Development，OECD）首次提出"新兴工业化经济体"的概念，把"亚洲四小龙"等 10 个国家或地区划定为新兴工业化经济体：韩国、中国台湾、中国香港、新加坡、墨西哥、巴西、希腊、葡萄牙、西班牙、南斯拉夫。不过，现在这些经济体中的大部分国家或地区都已经不属于新兴经济体了。与此同时，也有学者将新兴经济体称为"新兴市场"或者"新兴市场经济体"等。"新兴市场"的概念最早由国际金融公司（International Finance Corporation，IFC）提出，主要指经济发展程度和收入水平较高的发展中国家。随着时间的推移，以往的"新兴工业化经济体"和"新兴市场"的概念被含义更广的"新兴经济体"代替（Hoskisson et al.，2000）。"新兴经济体"包括的国家或地区的范围逐步扩展，甚至有人将所有发展中国家都包括在内（Thorpe & Prakash - Mani，2003）。

（2）新兴经济体的界定标准

由于新兴经济体多为经济快速增长但还未达到发达国家标准的国家或地区，所以一般只包括特定类型的发展中国家或地区，并不能等同于所有发展中国家。关于如何界定一个发展中国家是否为新兴经济体，以往研究中有以下几种划分标准。第一，以经济增长速度来划分，即新兴经济体是指经济活动或商业活动处于快速增长或迅速工业化中的经济实体（Jain，2006）。第二，以经济自由化程度来划分。新兴经济体不仅能实现经济的快速增长，而且在政府政策上往往经济自由化和市场导向的倾向较强（Arnold & Quelch，1998）。也就是说，新兴经济体往往是那些通过经济自由化实现了快速增长的国家或地区（Hoskisson et al.，2000）。第三，以信息发展水平来划分，即新兴经济体是指在有限或者部分工业化的条件下信息发展速度较快的国家或地区。第四，以金融市场开放程度来划分，即新兴经济体是指金融市场发展程度虽低于发达国家，但仍吸引了大规模外资的发展中国家（IMF，2004）。第五，以特定时期出口增长率来划分，即新兴经济体是指那些在特定时期人均国内生产总值（GDP）水平低于发达国家平均水平的50%，且同期出口增长率高于发达国家平均水平10%的发展中国家。第六，以发展中国家的政治影响力来划分，即新兴经济体是指政治至少与经济同等重要的发展中国家。

（3）新兴经济体名单

关于新兴经济体的具体名单，学界尚未达成共识。近年来，部分关于新兴经济体的研究聚焦于几个典型国家组成的集团，如金砖国家（BRICS，包括巴西、俄罗斯、印度、中国以及南非）、“新钻11国”（Next - 11，包括孟加拉国、埃及、印度尼西亚、伊朗、韩国、墨西哥、巴基斯坦、尼日利亚、菲律宾、土耳其和越南）等。虽然这样的界定凸显了特定新兴经济体的鲜明特色，而且简洁明了，具有一定的代表性，但是仍存在着划分标准简单和过分依赖特定领域上的功能性等缺点。

各国际组织和研究机构都确定了不同的新兴经济体名单。根据国际货币基金组织（IMF）最新的《世界经济展望》（IMF，2016），新兴经济体共有 24 个。摩根斯坦利国际资本公司（Morgan Stanley Capital International, MSCI）编制的 MSCI 新兴市场指数共有 23 个新兴经济体。由英国《金融时报》和伦敦证券交易所联合成立的富时公司在对不同国家和地区进行分类时，将 23 个国家或地区归类为新兴经济体，并依照新兴经济体的市场环境、监管环境等指标，将其分为 11 个“先进新兴经济体”、12 个“第二梯队新兴经济体”（FTSE，2016）。美国标准普尔有限公司（S&P）在编制指数时也对不同国家和地区进行了划分，其中新兴经济体共有 21 个。不同国际组织和研究机构的新兴经济体名单见表 3. 1。

表 3. 1　不同国际组织和研究机构的新兴经济体名单

新兴经济体	BRICS + Next − 11	IMF	MSCI	FTSE	S&P
阿根廷		√			
孟加拉国	√				√
巴西	√	√	√	√	√
保加利亚		√			
智利		√	√	√	√
中国	√	√	√	√	√
哥伦比亚		√	√	√	√
捷克			√	√	√
埃及	√		√	√	√
希腊			√	√	√
匈牙利		√	√	√	√
印度	√	√	√	√	√
印度尼西亚	√	√	√	√	√
伊朗	√				
拉脱维亚		√			
立陶宛		√			
马来西亚		√	√	√	√
墨西哥	√	√	√	√	√
尼日利亚	√				
巴基斯坦	√	√		√	

续表

新兴经济体	BRICS + Next - 11	IMF	MSCI	FTSE	S&P
秘鲁		√	√	√	√
菲律宾	√	√	√	√	√
波兰		√	√	√	√
卡塔尔			√	√	
罗马尼亚		√			
俄罗斯	√	√	√	√	√
南非	√	√	√	√	√
韩国	√		√		
中国台湾			√	√	√
泰国		√	√	√	√
土耳其	√	√	√	√	√
乌克兰		√			
阿联酋			√	√	
委内瑞拉		√			
越南	√				

资料来源：由笔者整理所得。

可以看出，不同国际组织和研究机构确定的新兴经济体名单存在着一些问题。首先，不同新兴经济体名单之间存在显著差异。例如，在对韩国是否为新兴经济体的界定上，鉴于其目前已经是 OECD 成员国之一，根据以往研究，OECD 成员国一般被认为是发达国家；但是“新钻 11 国”名单和 MSCI 编制的 MSCI 指数都将韩国列为新兴经济体。其次，各新兴经济体名单中存在的另一个问题是时效性。不同经济体性质的界定是一个动态发展的过程（Kindleberger，1996；Landes，1999），但是不同研究机构和国际组织为了保持名单的可比较性与连续性，即使有的国家或地区已经达到发达国家的标准，或者不再符合新兴经济体的标准，也依然被保留在名单中，这就使新兴经济体名单的时效性和客观性得不到保证。为了解决这一问题，有些组织机构会对新兴经济体名单进行定期调整，如 MSIC 发布的 MSCI 指数和富时公司发布的 FTSE 指数。

IMF 对发达国家和新兴经济体进行了清晰与准确的分类。在借鉴以往研究的基础上，兼顾经济体的系统重要性、经济发展水平和人均收入程度等因素，并考虑到新兴经济体名单的可操作性和与发达国家的可比较性，本书将 IMF 关于新兴经济体的名单作为对新兴经济体的界定标准。根据 IMF（2016）发布的《世界经济展望》，全球共有 35 个发达国家和 24 个新兴经济体。需要注意的是，IMF 将欧元区所有国家或地区都归类为发达国家，拉脱维亚和立陶宛两个国家则同时出现在新兴经济体与发达国家的名单中。考虑到这两个国家分别于 2014 年和 2015 年刚刚加入欧元区，都处于从计划经济向市场经济转变的过渡阶段，因此本书将其归类为新兴经济体，即全球共有 33 个发达国家，包括美国、英国、日本以及欧元区等国家或地区；新兴经济体共有包括金砖国家在内的 24 个国家或地区，如表 3.2 所示。

表 3.2　IMF 发达国家和新兴经济体名单

类别	国家或地区名单			
发达国家	澳大利亚 中国香港 新西兰 瑞士 欧元区	加拿大 以色列 挪威 中国台湾	捷克 日本 新加坡 英国	丹麦 韩国 瑞典 美国
新兴经济体	阿根廷 中国 印度尼西亚 墨西哥 波兰 泰国	巴西 哥伦比亚 拉脱维亚 巴基斯坦 罗马尼亚 土耳其	保加利亚 匈牙利 立陶宛 秘鲁 俄罗斯 乌克兰	智利 印度 马来西亚 菲律宾 南非 委内瑞拉

资料来源：IMF. World Economic Outlook：Too Slow for Too Long［R］. Washington D. C.：International Monetary Fund，2016.

3.1.2　银行国际化

（1）跨国银行的概念

本书中所涉及的银行均指商业银行（Commercial Bank）。商业银行的概念主要是用来区分中央银行和投资银行的。一般的商业银行是指以多种金融资产为经营对象，并通过金融负债等吸收资金的营利性金融机构，具有信用创造、信用中介和支付中介功能，既没有货币的发行权，也不属于投资机构。传统的商业银行以吸收存款和发放贷款为主营业务，通过较低的利率吸收存款，再通过较高的利率放出贷款，利用存款与贷款之间的利率差来赚取利润。商业银行的业务范围主要包括吸收多种渠道的存款（如公众、机构、企业等）、发放贷款、票据贴现和中间业务等。

跨国银行是银行国际化经营的主体。跨国银行的概念最早被纳入跨国企业的框架中进行分析。跨国企业一般是指在多个国家拥有或控制生产设施的企业（Dunning，1989）。跨国企业的定义多以制造业企业为基础，并没有考虑服务业企业的特殊性。跨国企业与跨国银行的主要区别在于从事的国际性业务不同：产品的生产或者销售涉及跨境经济活动，该企业就称为跨国企业；而跨国银行的国际性业务主要体现在资本、货币等的交易上。

（2）跨国银行的界定

不少学者和组织机构从海外业务范围、海外机构数量与地域范围等方面对跨国银行进行界定。从海外机构数量来看，跨国银行是指在不同国家和地区都设立分支机构或附属机构的银行。联合国跨国公司中心（UNCTC）认为，银行在5个以上的国家或地区设立海外分支机构，则属于跨国银行。根据这个定义，在少于5个国家或地区设立海外分支机构的银行则不能被称作“跨国银行”（UNCTC，1983）。也有学者认为，从业务范围来看，跨国银行不仅要在海外设有分支机构，还要在业务上实现国际化，即银行从事国际货币的存款、借贷、国际汇兑、国际结算、外汇买卖、国际票据的承兑贴现、国际信托等业务。这一定义认为，跨国银行是到海外设立分支机构并从事国际性金融业务的商业银行（毛泽盛，2005）。从地域范围来看，跨国银行是指以母国为基地，在海外拥有或设立分支机构的银行，对海外业务范围和机构数量并没有过多的要求（陈彪如，1991；庄乾志，2001）。

考虑到银行国际化的多样性，对于跨国银行的界定，不少学者主张放宽对其定义的限制，认为凡是在海外拥有或者设立分支机构的银行都可以看作跨国银行，并不需要在业务范围、海外分支机构数量、地域范围、人员比重等方面设立严格的标准（庄乾志，2001；宗良，2002；汤凌霄，2004）。本书考虑到当前银行国际化的多样性，为避免主观性定义带来的样本选择性偏差，依照以往研究对跨国银行的定义，认为跨国银行就是跨国界经营的银行，只要在海外设立分支机构即为跨国银行，不对海外分支机构数量、海外人员比重、地域范围、业务范围等做硬性要求。

（3）银行国际化的组织形式

银行国际化是指银行为了在国际金融市场上提供全球性的金融服务，通过在海外设立分支机构或者代理机构，形成全球性的网络布局，实现资本国际化的跨国经营（张邯玥、田高良，2006）。在银行国际化中，东道国是指银行海外经营的所在国家或者地区。与企业国际化中外向国际化与内向国际化的两种不同含义类似，银行国际化也包括两种含义：一是单个银行从国内市场向海外市场进行扩张的过程；二是一个国家或地区的银行业市场的对外开放，使得外资银行向本土市场进行扩张的过程。本书中的银行国际化是指外向国际化，即单个银行向海外市场扩张的过程。本书重点关注新兴经济体银行从国内市场向国外市场的扩张。

银行国际化的组织形式一般包括以下几种。

第一，代表处（Representative Offices）。代表处是银行国际化最初级的形式，既不具备东道国的法人资格，也不能单独从事吸收存款、发放贷款、汇票承兑、信用证等经营性业务。其主要职能是为母行在东道国搜集商业信息、进行市场调研和开发、与海外客户联系并向母行反馈海外客户的服务需求、在东道国拓展业务和寻找客户资源等，是母行进一步开展海外投资的重要参考工具。代表处可以代表母行在海外市场发放贷款、吸收和发放资金，如对出口商提供的应收账款服务等。设立代表处的优点在于易于控制、管理成本较低；缺点在于业务范围有限，还需要一定的成本开支。因此，代表处通常是银行向特定国家或地区进行海外扩张时的初级组织形式。

第二，代理行（Agency Offices）。代理行是指不同国家的银行间通过签订相关协议，约定在各自所处的国家或地区为对方代理一定的业务。也就是说，代理行是不同国家或地区的银行间互为代理的结果，通过设立相应的账户，代理对方银行在自己所处国家或地区的支付、结算等金融业务。代理行是银行双方互为联盟关系的表现。与代表处相比，代理行的优点表现在既能完成银行在海外市场所需的相应业务，又能节省开支。代理行的缺点在于在互为代理行的银行客户需求发生冲突时，本行客户需求通常会被优先考虑；此外，代理行一般可受理的业务范围较小，难以实现大量的存贷款业务经营。

第三，分行（Branches）。分行是银行进行海外扩张的一种重要组织形式，是银行按照东道国法律要求设立的海外分支机构，可以被授权经营较为完整的银行业务。分行不具备东道国的法人资格，作为母行的重要组成部分，在经营过程中既要受到母国相关法律法规的制约，也要遵循东道国的监管政策。在业务范围上，海外分行可以经营商业银行的一般业务，既包括本土业务，如向东道国的个人或机构吸收存款、向当地企业发放贷款等，还包括国际业务，如国际贸易融资、向跨国企业提供贷款等。分行的优点在于基于母行的知名度和信誉，既可以向客户提供广泛的金融业务，又可以在国际市场上吸收资金，安全又便捷，竞争实力较强。与代表处类似，分行也为母行在东道国的相关业务提供支持。分行一般不允许做零售业务，只在批发市场吸收资金，但也有例外。分行的缺点在于前期投入大、时间长。

第四，子行（Subsidiaries）。子行又称作“附属行”，是按东道国法律注册并受东道国法律约束的独立金融机构，也是银行进行海外扩张的一种重要组织形式。子行具有独立的法人资格，可经营所有银行业务，包括分行所不允许经营的业务，即零售业务和投行业务等。母行对子行拥有全部或者大部分股权，具有实际的控制权。但相对于分行而言，母行对子行无须承担连带责任。子行的优点主要体现在：作为在东道国合法注册的法人，子行的经营业务范围较广，可以与当地银行展开竞争，扩大资金来源，并有效降低运营成本，适合在东道国市场的长期经营和发展。从母行层面来看，如果母国的金融监管环境相对严格，银行可以通过子行在东道国市场经营一些在母国市场受限或被禁止的业务，如证券、保险等。此外，子行作为独立法人，母行无须承担连带责任。子行的缺点在于与分行相比，和母行之间的资金拨转、业务联系等受限较多。

第五，合资银行（Join Ventures）。合资银行是银行与东道国当地银行各自出资组建的银行。合资银行设立的原因有可能是合资双方的业务需求、应对竞争压力或出于当地法律法规要求的考虑等。合资银行的优点在于利用东道国当地银行的少数股权以分散风险，也有利于银行快速熟悉东道国市场，并当东道国在外资银行进入方面限制较多时能享受一定的便利和优惠。合资银行的缺点在于合作双方往往需要共享利益、风险和控制权，这不仅容易使得双方在利益分配与经营管理方面产生一定的冲突和矛盾，也使得银行容易出现整体控制权下降、效率降低等问题。

除上述五种组织形式之外，银行海外扩张还有其他的一些组织形式：①联属机构（Affiliates），即母行参股但不控股的海外机构；②银行持股公司（Bank Holding Company），即对海外银行具有实际控股权的公司。不过，这些形式在实际情况中使用不多。经过对银行国际化的几种主要组织形式进行对比分析（见表3.3），本书发现代表处和代理行都是银行进行海外投资较为初级的组织形式，合资银行的最终所有者信息较模糊，相对而言子行和分行是银行较为完整的海外分支机构，但是由于东道国对外资银行进入的限制，商业银行多采用子行的形式进行海外扩张。因此，本书将海外子行作为银行国际化的主要研究对象。

表3.3　银行国际化的主要组织形式比较

组织形式	是否独立	与母行的联系	优点	缺点
代表处	否	隶属关系，母行拥有全部资产	易于控制，管理成本较低	业务范围有限，需要前期的投资成本
代理行	是	无隶属和股权关系	节省开支，费用较少	业务范围有限，无法渗透当地市场
分行	否	隶属关系，母行拥有全部资产	业务范围较广，易于控制，竞争实力强	前期投入大、时间长，母行有连带责任

续表

组织形式	是否独立	与母行的联系	优点	缺点
子行	是	隶属关系，母行拥有全部或大部分资产	业务范围较广，母行不需要承担连带责任	与母行间的业务联系、资金拨转受限
合资银行	是	无隶属关系，母行拥有部分股权	分散风险，快速熟悉东道国市场	共享利益和控制权，使效率降低

资料来源：由笔者整理所得。

3.1.3 逆向知识溢出

（1）逆向知识溢出的概念

根据以往文献研究，本书将逆向知识溢出定义为企业通过 FDI 活动进入海外市场后所获取的知识溢出（Kogut & Chang，1991）。知识溢出作为企业经济活动潜在的外部性（Globerman，1979），往往会使知识、技术和管理经验等以一种无偿的、非自愿的方式自由流动到对方企业，进而使对方企业受益。以新兴经济体企业的 FDI 为例，东道国当地企业先进的技术会在无形中影响新兴经济体企业的发展，间接使得新兴经济体企业提高生产能力和经营效率，进而达到逆向知识溢出的效果。与技术转移或技术交易不同的是，逆向知识溢出是指经济个体（新兴经济体企业）未对知识来源个体（东道国当地企业）进行经济补偿，便在无形中吸收了先进的知识、技术和管理经验，而技术转移或技术交易往往伴随着双方买卖交易的行为，如购买知识产权、购买许可证使用权等。

根据以往文献研究，新兴经济体企业的逆向知识溢出有两个必不可少的步骤：一是海外子公司的逆向知识溢出，即新兴经济体企业进入海外市场后，当地先进企业或其他优秀的外资企业对海外子公司通过示范效应、人员流动效应、竞争效应或上下游联系等方式发生逆向知识溢出，进而提高海外子公司的技术能力和经营效率；二是海外子公司对母公司的反哺效应，即海外子公司通过将所获取的技术、知识转移到母公司，进而促进母公司技术能力和经营效率的提高。

（2）逆向知识溢出的发生机制

本书在深入研究 FDI 知识溢出效应基础上，进一步探讨了逆向知识溢出的内在作用机制。这一机制的核心可归结为以下四个层面（Blomström & Persson，1983；Spencer，2008）。

首先，示范效应机制。在此机制下，企业通过细致观察、精准模仿以及系统学习来自知识溢出源企业的先进技术和管理实践，从而有效促进自身运营效率和技术水平的提高（Blomström & Kokko，1998）。这种效应不仅体现在对显性知识的吸收上，也体现在对隐性知识的深入理解和应用上。

其次，上下游关联机制。当企业与知识溢出源企业共享同一供应链体系，如供应商或分销商时，知识或技术资源便可能通过这一链条发生外溢。这种外溢不仅限于直接的合作伙伴，还可能进一步扩散至整个产业链的其他企业（Spencer，2008）。

再次，人才流动机制。企业通过吸引和雇用曾在知识溢出源企业工作的本地或外籍员工，间接获取了这些员工所携带的宝贵知识和技术资源。这种流动不仅促进了知识的传播，还为企业带来了新的创新思维和竞争力。

最后，竞争效应机制。随着知识溢出源企业的进入，当地市场的竞争变得更加激烈，技术门槛和平均技术水平均得到提升。面对这样的市场环境，企业不得不加大研发投入，提升自身技术和知识水平，以维持或扩大市场份额（Blomström & Kokko，1998）。

（3）逆向知识溢出发生的必要条件

以往研究多强调企业间技术差距是逆向知识溢出发生的必要条件（Findlay，1978），即知识溢出双方在知识或者技术水平上的差距。与知识来源企业的技术差距能反映企业在多大程度上能够通过知识溢出提高自身生产率水平（Glass & Saggi，1998）。一般而言，企业间的技术差距越大，知识溢出发生的可能性就越大（Girma & Görg，2007）。正是由于技术差距的存在，企业才有机会通过模仿、观察、合作等追赶知识来源企业，一旦学习行为成功，就说明存在知识或技术的扩散或者外溢。有学者对知识溢出效应进行实证分析发现，知识溢出更有可能发生在技术差距较大的企业间（Liu et al.，2000）。

在探讨企业间逆向知识溢出效应的影响因素时，技术差距固然关键，但不容忽视的是，企业间的地理相邻性亦为其提供了得天独厚的条件。具体而言，当企业在地理位置上靠近知识源企业时，它们将更易于捕获和吸纳有价值的技术信息（Bathelt et al.，2004）。从宏观层面分析，地理相邻性主要通过以下路径推动知识溢出的实现（Funk，2014）：首先，企业能够凭借对竞争对手动态的实时把握，紧跟行业内的技术革新步伐（Sorenson & Stuart，2001）。这种即时的洞察不仅有助于企业迅速识别市场需求，为产品或服务的创新研发提供明确方向，还能使企业通过学习竞争对手的研发经验，规避潜在风险，降低研发成本，从而间接促进知识溢出的发生。其次，地理上的邻近性使得企业能够构建起非正式的信息交流网络（Marquis，2003）。例如，相邻企业员工间因共同参与社交活动或居住在同一社区而频繁互动，这种非正式的社交网络为信息的传播提供了天然渠道。这些交流可能涵盖工作以外的多个方面的内容，但与工作相关的信息交流无疑增加了知识溢出的可能性。最后，企业还能够与邻近的同行企业、学术机构及研究组织建立正式的合作机制（Owen－Smith & Powell，2004），进一步推动知识溢出。以 IT 类企业为例，若在硅谷等科技高地设立分支，将更容易吸引当地的技术人才，同时与当地的创新生态建立合作关系，从而触发知识溢出。同样地，金融机构若在世界金融中心如纽约、东京等地投资，也能与当地的金融机构和研究机构建立联系，引进优质的投资人才，促进知识的流动与共享。

（4）逆向知识溢出的测量

对于知识溢出的测量，现有文献研究大多采用企业生产率水平作为衡量指标（Aitken & Harrison，1999；Tian，2007；Zhang et al.，2010）。企业生产率水平一般被定义为企业将投入转换为产出的效率，对于银行业生产率的研究一般采用银行效率的概念（Berger & Mester，1997；Lozano－Vivas & Pasiouras，2010；Gaganis & Pasiouras，2013）。Caves（1974）将知识溢出效应分为三个层次。①配置效率（Allocative Efficiency）：从产业层面衡量整体知识溢出，强调知识来源企业的高效率和先进技术使得整个产业内的竞争压力增加，在资源有效配置的情况下，增加了产业整体生产力和资源配置效率。②技术效率（Technical Efficiency）：从企业层面衡量单个企业接受的知识溢出，强调知识来源企业的知识、技术间接影响到其他企业，进而提升其他企业的自身技术水准和经营效率。③技术转移（Technology Transfer）：知识来源企业通过技术转移使得其他企业受益。根据逆向知识溢出的定义，本书研究中的逆向知识溢出重点从技术效率上考察企业所接受的溢出。

3.2　研究模型的构建

基于第2章中的相关文献综述和理论基础以及上述核心概念的界定，本书以新兴经济体商业银行为研究对象，拟对其FDI活动中的逆向知识溢出现象进行分析和研究。由于FDI活动中的逆向知识溢出包括两个步骤：一为海外子行在东道国市场所接受的逆向知识溢出，二为海外子行将所接受的逆向知识溢出转移到母行。因此，本书基于这两个步骤对新兴经济体商业银行在FDI活动中的逆向知识溢出进行分析研究。第一，本书对海外子行在东道国市场所接受的知识溢出进行分析研究。由于发展中国家和发达国家在经济水平、社会发展与制度环境等方面的差异，本书将银行FDI活动中的东道国分为发达国家市场和发展中国家市场，分别探讨新兴经济体银行在发达国家市场和发展中国家市场的不同逆向知识溢出。根据以往FDI中知识溢出的相关研究，本书将知识来源银行的市场参与度作为自变量，以海外子行的效率水平为因变量，来考察逆向知识溢出效应。第二，本书对海外子行对新兴经济体母行的反哺效应也进行进一步的分析。依照此研究思路，本书将在第4、第5、第6章分别提出相应的假设模型并对假设进行实证检验，整体研究模型见图3.1。

在第4章中，本书将从海外子行层面，分析新兴经济体银行在发达国家市场的逆向知识溢出。本书分别考察发达国家当地银行、发达国家外资银行和新兴经济体外资银行作为不同的知识来源银行，对新兴经济体银行海外子行的逆向知识溢出。在研究知识溢出效应的基础上，考虑到知识和知识溢出往往是嵌入在制度环境中的，本书在研究模型中加入制度距离，考察海外子行母国与东道国之间的制度距离对于不同逆向知识溢出效应的调节作用。

在第5章中，本书将从海外子行层面，分析新兴经济体银行在发展中国家市场的逆向知识溢出。基于对知识溢出、新兴经济体银行国际化的相关研究和理论基础，本书认为在发达国家市场，新兴经济体银行获取的逆向知识溢出以技术型知识为主；而在发展中国家市场，新兴经济体银行获取的逆向知识溢出以制度型知识为主，即通过逆向知识溢出更好地实现制度学习和本土化经营。其中，可能的原因在于新兴经济体银行到发展中国家市场进行FDI时，与当地银行的技术差距相对较小，难以触发直接的知识溢出。但是，由于发展中国家市场的制度环境有着相对不成熟和不完善等特点，新兴经济体银行面临的“外来者”劣势更加严峻。为了更好地适应并融入当地环境，新兴经济体银行往往需要对当地银行进行模仿学习或者建立联系等以达到制度学习的目的。因此，新兴经济体银行获取的逆向知识溢出以制度型知识为主。与第4章内容相类似，本章将分别考察发展中国家当地银行、发达国家外资银行和新兴经济体外资银行作为不同的知识来源银行，对新兴经济体银行海外子行的逆向知识溢出。在研究知识溢出效应的基础上，本书在研究模型中加入制度距离，考察海外子行母国与东道国之间的制度距离对于不同逆向知识溢出效应的调节作用。

在第6章中，本书基于第4、第5章的研究结果，以所有海外子行为研究对象，分析海外子行对新兴经济体母行的反哺效应。海外子行对母行的逆向知识转移，即反哺效应，对于从母行层面分析逆向知识溢出效应至关重要，是逆向知识溢出必不可少的一步。通过对海外子行向新兴经济体母行的反哺效应进行分析，本书考察海外子行所在的东道国市场的不同，即发达国家和发展中国家，是否会影响反哺效应。在分析反哺效应的基础上，本书也加入制度距离，考察海外子行母国与东道国之间的制度距离对于反哺效应的调节作用。

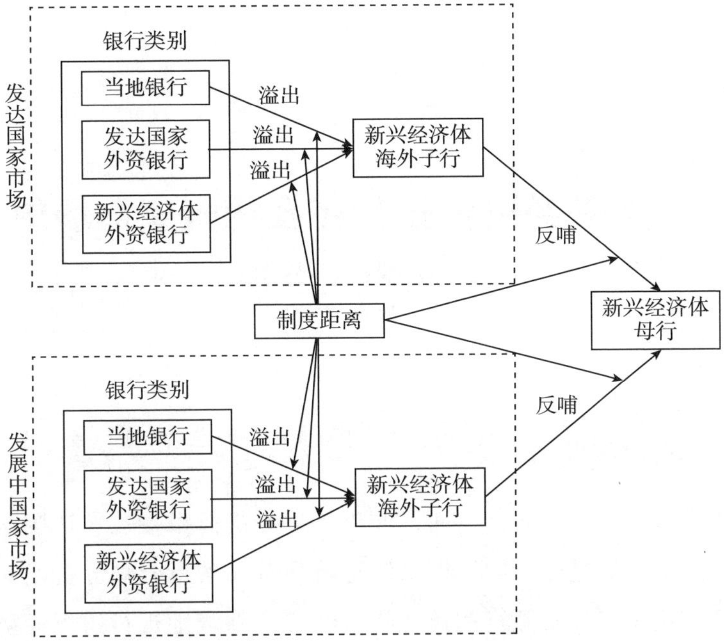

图 3.1　逆向知识溢出的整体研究模型

4 新兴经济体银行在发达国家市场的逆向知识溢出

4.1 理论假设

本章以海外子行为研究层面，分析新兴经济体银行在发达国家市场的逆向知识溢出。通过对不同知识来源进行区分，本章分别分析发达国家当地银行、发达国家外资银行和其他新兴经济体外资银行对新兴经济体银行的三种不同逆向知识溢出效应。在知识溢出效应的基础上，本章通过加入制度距离，考察海外子行母国与东道国之间的制度距离对于这三种逆向知识溢出效应的调节作用。根据文献梳理，本书提出以下假设。

4.1.1 逆向知识溢出机理分析

（1）发达国家当地银行对新兴经济体银行的逆向知识溢出

鉴于发达国家当地银行与新兴经济体银行之间存在显著的技术差距，当新兴经济体银行向发达经济体市场进行 FDI 活动时，可以从当地银行获得明显的知识溢出。具体而言，大多数新兴经济体银行体系都不如发达国家市场发达，而大多数有影响力的全球金融中心都位于发达国家市场，例如，纽约、伦敦和东京。在这种背景下，新兴经济体的银行不仅面临制度环境的不完善，还受到监管体系不发达的限制，这些因素共同导致了它们更为脆弱，效率和竞争力相对低下。以全球金融监管为例，尽管许多发达国家已实施更为严格的监管标准，如国际金融危机后推出的《巴塞尔协议Ⅲ》，但很多新兴经济体的监管机构难以全面采纳这些措施。特别是在巴塞尔协议中的流动性覆盖率要求中，银行需持有足够的高质量流动资产

（HQLA）以应对30天的压力资金状况，而HQLA标准中的主权债务和企业债务证券需达到AA－或以上评级，这对于新兴经济体银行而言显得尤为稀缺。与此同时，全球银行业正迎来产品创新和结构转型的新浪潮，如金融科技和绿色金融的兴起。然而，这些新兴趋势在大多数新兴市场银行中尚未得到充分的整合与发展。因此，发达市场银行与新兴市场银行之间的技术差距尤为显著。这一差距不仅体现在传统银行业务上，也在新兴业务领域呈现出明显的分化态势。

当新兴市场银行投资于发达市场时，其与发达市场当地银行的地理邻近性便达到了一个新的高度。先进知识往往具有隐性特质，复杂且难以通过传统方式编码和传授（Kogut & Zander，1993；Zander & Kogut，1995）。这类知识的应用要求参与者不仅具备深厚的专业技能和长期的工作经验（Simonin，1999），还依赖企业内部对人才价值的深刻理解和高度重视。另外，这些知识的传递受限于其本地化特征，因为知识传递的网络——包括员工、供应商、客户和竞争对手——都深深植根于当地市场，难以在其他地区复制或迁移（Jaffe et al.，1993；Audretsch & Feldman，1996；Almeida & Kogut，1999）。鉴于知识的隐性特征，即使是能力很强的跨国公司，在海外市场中也不可避免地会感受到“外来者”劣势（Zaheer，1995）。新兴经济体银行为了获取这些宝贵的技术和知识，往往需要采取更为直接和深入的策略，如在发达国家市场进行海外投资，以便更直接地接触和获取这些隐性知识的源头（Almeida & Kogut，1999；Yang et al.，2010）。这样的投资策略不仅能够促进新兴经济体银行的技术和知识提升，还能够增强其在全球金融市场的竞争力和影响力。

具体而言，当新兴经济体银行进入发达国家市场时，可以通过以下几种策略有效获取知识溢出。

首先，新兴经济体银行可以积极与当地竞争者、客户及研究机构建立广泛的网络关系（Blomström & Sjöholm，1999；Cantwell & Mudambi，2011）。这种网络关系的构建不仅有助于观察并模仿竞争者的成功经验，深入了解当地客户的需求，还能及时把握研究机构的前沿研究成果。这种网络关系不仅加强了新兴经济体银行和当地优秀银行之间的信息沟通与交流，也为其提供了学习领先企业先进技术和管理实践的宝贵机会。例如，巴西银行到美国市场进行投资时，可以通过选址于发达市场中繁荣的技术社区和劳动力市场附近（如纽约的华尔街），从而吸引当地市场的专业人才，有效地促进专业知识的保留和积累（Bassi & Mcmurrer，2007）。这些当地人才不仅能满足当地监管需求，深入了解当地标准和规则，还能帮助银行在市场中更好地探索和发展。

其次，新兴经济体银行可以通过跨国并购的方式，直接获取发达国家市场上银行或技术的所有权（Li et al.，2012）。在并购过程中，新兴经济体银行往往倾向于采取较为平稳的整合策略，并保留被并购方的高层管理团队和员工（Kumar，2009；Williamson & Raman，2011）。这种策略有助于并购方更好地学习和模仿被并购方的技术与知识，同时有助于在并购过程中积累和利用这些专用知识（Hambrick & Cannella，1993；Hébert et al.，2005）。

再次，新兴经济体银行可以充分利用发达国家的人才市场，招募具备专有技术和知识的人才（Song et al.，2003）。企业中的隐性知识往往以人才为载体，而人才流动则是知识溢出的重要途径（Jaffe et al.，1993；Almeida & Kogut，1999）。新兴经济体银行可以通过雇用当地有经验的员工或招募大学毕业生，以利用发达国家优质的教育资源。人才市场的规模和流动性对新兴经济体银行获取知识溢出具有显著的促进作用（Owen - Smith & Powell，2004）。

最后，新兴经济体银行可以进行适应性学习，即观察当地银行如何运用其技术和知识资源，并据此调整自身以适应目标市场（Li et al.，2013）。尽管母行通常是子行的创新中心（Birkinshaw & Hood，1996），但将国内市场的知识和技术直接应用于海外市场往往面临着挑战（Teece，1986；Cantwell & Mudambi，2005）。因此，新兴经济体银行可以观察当地银行的技术应用方式，以便更好地适应当地市场并开发新技术（Hoskisson et al.，2000）。这种适应性学习有助于新兴经济体银行克服市场环境和制度差异带来的挑战，提升其在发达国家市场的竞争力。

综上所述，本部分认为新兴经济体银行到发达国家市场进行投资时，当地银行对新兴经济体银行可能存在正的逆向知识溢出。根据以往研究中对知识溢出的理论分析和测量，本部分从新兴经济体银行的海外子行层面提出如下假设。

H_1：发达国家当地银行的市场参与度与新兴经济体银行海外子行的效率水平正相关。

（2）发达国家外资银行对新兴经济体银行的逆向知识溢出

相较于发达国家当地银行，我们认为在发达国家市场经营的其他发达国家外资银行作为知识来源银行的溢出效应不够显著。跨国银行的创造性资产多集中于母行层面，并且这些核心知识和技术资源通常具有强烈的环境嵌入性（Jaffe et al.，1993）。受到地理距离、制度环境差异以及经营战略目标分歧等因素的影响，海外子行与母行间的知识转移往往面临着诸多障碍（Kostova，1999；Kostova & Roth，2002）。这些障碍导致了承载着创造性资产的战略实践和组织惯例无法有效地传递到海外子行。另外，企业间的地理相邻性被视为知识溢出的关键因素（Funk，2014）。然而，银行经营发展所需的创造性资产往往具有隐性特征，且与环境紧密相连。因此，发达国家外资银行作为海外子行，其拥有的知识和技术资源可能已相对成熟，对于渴望学习和获取新知识的新兴经济体银行而言，其价值可能相对有限（Almeida & Kogut，1999）。最后，发达国家银行在母国所依托的创新网络体系，是新兴经济体银行通过模仿学习转移和创造知识、技术的重要渠道。然而，由于这些渠道通常局限于母国范围，发达国家外资银行的海外子行往往缺乏相应的接入机会（Funk，2014）。

综上所述，发达国家外资银行难以向新兴经济体银行实现有效的知识溢出效应，即发达国家外资银行的存在对新兴经济体银行效率提升的影响并不显著。这表明，新兴经济体银行在寻求知识转移和技术进步时，需要探索其他途径和策略。

H_2：来自发达国家的外资银行的市场参与度与新兴经济体银行海外子行的效率水平正相关。

（3）其他新兴经济体外资银行对新兴经济体银行的逆向知识溢出

根据以往文献研究，基于前文论证，地理相邻性和技术差距是逆向知识溢出产生的必要条件，市场共通性和资源相似性两个重要因素可能触发负面溢出效应，引发激烈的市场竞争（Chen，1996；Chang & Xu，2008）。Chen（1996）以两家企业为基准设定构建了一个理论模型，用于分析企业间的竞争机制，特别强调了市场共通性和资源相似性在决定企业间竞争态势中的核心作用。市场共通性，即企业与竞争对手之间市场的重叠程度，反映了市场的共享性；资源相似性，是指企业在资源类型或配置结构上与竞争对手的相似程度。研究表明，随着市场共通性和资源相似性的提高，企业间对彼此的了解程度也在加深，进而加剧了企业间对市场和资源的竞争（Porter，1980；Chang & Xu，2008）。此外，服务于同一目标客户群体的企业通常共享相同的市场信息和资源，这些信息和资源影响着它们的市场策略与产品设计，从而增强了它们的竞争能力。一般而言，共享相似资源的企业倾向于发展相似的能力和策略，从而成为直接竞争对手。这类企业通常拥有相似的高水平运营效率和相近的吸收能力（Dau，2013），因此它们可能会在同一市场细分中运营并展开竞争。

当新兴经济体银行进入发达国家市场进行 FDI 时，不仅会受到当地银行和发达国家外资银行的相关知识溢出，还有可能面临来自其他新兴经济体外资银行的相应负面知识溢出，即潜在的竞争挤出效应。首先，本部分从地理相邻性和技术差距两个方面探讨为何正向知识溢出难以在新兴经济体银行间发生。

一方面，相对于发达国家银行与新兴经济体银行之间显著的技术差距，新兴经济体银行之间的技术差距相对有限，不足以产生显著的知识溢出效应。技术差距通常被视为知识溢出产生的先决条件（Findlay，1978），只有当落后企业与领先企业之间存在足够大的差距时，前者才能获得学习新技术和知识的机会（Girma，2005）。

另一方面，知识溢出不仅要求存在技术差距，还强调受益企业自身的吸收能力，即能够吸收并有效利用新技术和新知识的能力。技术差距在一定范围内确实有助于增强落后企业的吸收能力（Glass & Saggi，1998），使其能够从领先企业的人力资本、技术和知识中获益（Cohen & Levinthal，1990；Lane & Lubatkin，1998；Girma，2005）。然而，在国际市场上，跨国公司通常将高附加值和知识密集型的活动（如研发活动）集中在发达国家，而在新兴经济体则主要进行低附加值和标准化的生产与服务活动（Gereffi，1999；Ernst & Kim，2002）。与其他同行业企业相比，新兴经济体企业往往面临资源不足和竞争优势较弱的挑战（Luo & Tung，2007；Cuervo－Cazurra & Genc，2008）。这种背景使得新兴经济体银行间的技术差距相对较小，难以形成足够的知识溢出动力。因此，本部分认为新兴经济体银行间的知识溢出效应较为有限。

新兴经济体银行间不仅难以促成有效的知识溢出，反而可能因高度的市场共通性和资源相似性而产生强烈的排挤效应。在银行国际化的早期阶段，新兴市场银行更可能采用“跟随客户型”的国际化策略（Kindleberger，1983；Mutinelli & Piscitello，2001），紧随本国企业的国际化步伐为其提供金融服务。此外，在海外市场扩张的初期，许多新兴经济体银行会选择“追随同行”的策略，即模仿或追随已经成功进入某市场或业务领域的同行。这些为跨国企业海外子公司提供金融服务的新兴市场银行，在目标市场上更易形成对重叠细分市场的激烈争夺。这些银行倾向于在同一城市设立分支机构，构建相似的公司治理结构，并雇用具备母国和东道国教育背景或工作经验的复合型人才，以期在市场中占得一席之地。

然而，随着“追随同行”的策略在业务成本降低方面效果的不确定性逐渐显现，共享同一地理市场或关注同一细分市场的银行之间可能因资源争夺而引发攻击和报复行为。这种竞争态势不仅加剧了市场的“挤出”效应，还可能对新兴市场银行的长期发展产生不利影响。在国际化的初期阶段，新兴市场银行在产品结构和客户策略上往往表现出较高的同质性。这是因为新兴市场银行的收入主要依赖向来自同一母国的客户提供贷款业务，这种业务模式的单一性限制了银行在产品和服务上的创新。因此，为了在国际市场上取得竞争优势，新兴市场银行需要更加注重差异化竞争策略的制定与实施，以及加强和国际先进银行之间的合作与交流，以提升自身综合竞争力。

此外，新兴经济体银行海外子行的关键资源配置深受其母行战略和内部制度框架的深刻影响（Almeida et al.，2002）。对于新兴经济体的母行而言，其资源储备可能不足以支持海外子行在遵循发达市场严格的政策和监管规则的同时，进一步提升其垄断竞争优势。更不必说，期望这些子行在资源有限的情况下，还能在彼此之间产生显著且有意义的知识溢出效应。进一步地，当新兴市场银行进入发达市场进行运营时，其提供的金融服务同质化特征尤为明显。这是因为新兴市场银行的收入结构主要依赖贷款业务，而与许多发达市场银行相比，其产品线的多样化程度以及非利息收入占比均较低。这种资源相似性和市场共通性加剧了新兴市场跨国银行子行之间的竞争效应，使得它们在同一市场中的竞争更为激烈和直接。

综上所述，新兴经济体外资银行之间的技术差距较小，不足以触发知识溢出；由于较高的市场共通性和资源相似性，银行间的竞争也较激烈，往往会影响银行效率，因此本部分提出如下假设。

H_3：来自其他新兴经济体的外资银行的市场参与度与新兴经济体银行海外子行的效率水平负相关。

4.1.2 制度距离调节作用的机理分析

银行间的知识溢出效应深受其所处制度环境的限制和制约。母国与东道国之间的制度环境差异被称为制度距离。制度距离通常被定义为不同国家在制度环境水平上的差异性（Kostova，1999；Kostova & Zaheer，1999）。企业的日常经营活动不可避免地嵌入特定的制度环境中，且需遵循与制度规则相一致的政策和规程（Meyer & Rowan，1977；Zucker，1983）。由于母国与东道国之间存在制度距离，企业在海外投资时常常面临“外来者”劣势，这导致它们难以在当地市场获得组织合法性，进而增加了其生存和发展的难度（Zaheer，1995；Marano et al.，2017）。新兴经济体银行因经验不足还可能遭遇“来源国”劣势。

对于新兴经济体跨国银行而言，母国与东道国之间的制度距离问题尤为突出。相较于发达国家，许多新兴经济体从计划经济向市场经济转型的过渡期较晚（Hoskisson et al.，2000；Wright et al.，2005），政府在其中扮演着重要角色，掌握着关键资源的分配权。这种政府对银行经营活动的深度介入，削弱了市场机制的调节作用，进而影响了银行效率的提高。在部分新兴经济体市场，利率管制导致国有商业银行在向大型企业放贷时风险较低且利润较高，这种制度保护虽然稳定了金融市场，但对银行的经营效率和长期发展构成了挑战（Brandt & Li，2003）。与发达国家相比，新兴经济体的制度环境发展水平较低，这在一定程度上抑制了银行的创新能力（Cuervo－Cazurra & Dau，2009；Dau，2013）。

制度距离会使新兴经济体银行在进行海外投资时更难从当地银行获得知识溢出。由于知识具有地域性和制度性，越隐性的知识越难以跨越地理和制度边界进行有效转移（Jaffe et al.，1993；Almeida & Kogut，1999）。在监管严格的银行业，海外子行的经营策略与发展方向往往受到母行战略和决策的深刻影响（Almeida et al.，2002）。因此，当新兴经济体银行进入与母国制度环境差异较大的东道国时，不仅面临着市场信息的缺乏和陌生环境的挑战，也难以与当地客户、供应商及员工建立有效的联系和沟通（Marano et al.，2017）。这种困境不仅阻碍了银行的本土化进程，也限制了其从当地环境中获取知识的可能性。基于以上分析，本部分提出如下假设。

H_4a：**制度距离显著抑制当地银行市场参与度对新兴经济体银行海外子行的效率水平的影响。**

制度距离增加了海外子行从国内市场和母行获取资源来应对竞争的难度，进而强化了外资银行之间的负向竞争效应。由于竞争效应由市场共通性和资源相似性决定，所以来自国内市场和母行的战略资源更适合用来应对其他外资银行的竞争。然而，随着制度距离的增加，母行和海外子行之间转移战略资源的成本增高，难度也更大（Kostova & Roth，2002）。此外，制度距离使得银行面临的外来者劣势也增强了（Kostova & Zaheer，1999；Eden & Miller，2004），对于跨国银行整体而言，本土响应和全球一体化双重需求的冲突也更加强烈（Xu & Shenkar，2002）。由于银行的独特竞争优势一般嵌入在企业的组织惯例（Barney，1991）或战略实践（Kostova，1999）中，制度距离使得海外子行难以使用母行的资源来处理其他外资银行所带来的竞争。因此，由于母行的战略资源向海外市场转移时面对制度距离的障碍，新兴经济体银行海外子行缺乏应对竞争的能力，排挤效应则显得更强，更具威胁性。因此，本部分提出如下假设。

H_4b：制度距离显著抑制来自发达国家外资银行的市场参与度对新兴经济体银行海外子行效率水平的影响。

H_4c：制度距离显著抑制来自其他新兴经济体外资银行的市场参与度对新兴经济体银行海外子行效率水平的影响。

本部分的研究模型如图 4.1 所示。

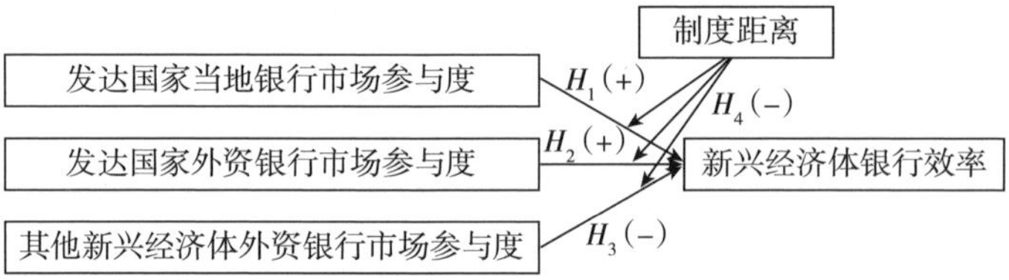

图 4.1　新兴经济体银行在发达国家市场的逆向知识溢出研究模型

4.2　实证模型与数据来源

4.2.1　数据来源与变量测量

（1）数据来源

本书基于 Bureau van Dijk Bankscope 数据库（自 2016 年起更名为 Orbis Bank Focus），构建了一个以银行层面数据为基础的实证样本。在进行实证分析时，我们仅针对海外子行进行了考察，而将外国银行分行形式排除在外，主要基于以下考虑。首先，海外子行通常具备提供多元化金融服务的全面银行牌照，这使得它们能够更有效地实现在当地的市场渗透。虽然在国际化初期，银行往往通过设立代表处和分行来扩展海外业务，以利用监管的低成本优势和母行的资本资源，然而，从长远来看，全资子行的形式结构更有利于银行在当地市场实现长期运营和发展。其次，海外子行作为独立的法律实体，有义务向当地监管机构提交财务报告，这为我们的研究提供了直接且可靠的数据来源。相比之下，无论是本地还是海外的分行形式，其财务信息通常都会按照会计准则合并到总部的财务报表中，从而难以单独分析。因此，为了确保研究的准确性和可靠性，我们选择了海外子行作为研究对象。

根据 IMF 对“发达经济体”与“新兴市场和发展中经济体”的分类，本书界定了新兴市场与发达市场（见表 3.2）。基于 33 个发达市场和 24 个新兴市场分类标准，我们收集了新兴市场银行在发达市场所有子公司 2000 年至 2014 年的所有可得数据。由于部分国家或银行层面的数据缺失，我们最终用于实证分析的样本包括来自 16 个新兴市场的 92 家海外子行，这些子行分布在 18 个发达市场。这一为期 15 年的样本期适用于检验我们的假设，因为逆向知识溢出效应需要一定时间才能显现。

（2）实证模型

根据本部分研究假设和理论模型，数据分析的模型如下：

$$EFF_{it} = \alpha_0 + \alpha_1 LOCALBANK_{it} + \alpha_2 LOCALBANK_{it} \times DISTANCE_{it} + X + \mu_t + \delta_i + \varepsilon_{it} \quad (4.1)$$

$$EFF_{it} = \alpha_0 + \alpha_1 DMBANK_{it} + \alpha_2 DMBANK_{it} \times DISTANCE_{it} + X + \mu_t + \delta_i + \varepsilon_{it} \quad (4.2)$$

$$EFF_{it} = \alpha_0 + \alpha_1 EMBANK_{it} + \alpha_2 EMBANK_{it} \times DISTANCE_{it} + X + \mu_t + \delta_i + \varepsilon_{it} \quad (4.3)$$

其中，$i=1, 2, \cdots, n$ 代表银行个体，t 代表年份。EFF_{it}是银行 i 在 t 年的绩效水平，是本部分的被解释变量。$LOCALBANK_{it}$、$DMBANK_{it}$和 $EMBANK_{it}$ 分别代表发达国家当地银行的市场参与度、来自发达国家的外资银行的市场参与度以及来自其他新兴经济体的外资银行的市场参与度。市场参与度通过银行个数占当地市场上所有银行个数的比重来测量，旨在分别检验三个不同的假设：来自当地银行的逆向知识溢出效应（H_1）、来自发达国家外资银行的竞争效应（H_2），以及来自新兴经济体外资银行的竞争效应（H_3）。$DISTANCE_{it}$用于衡量银行的母国市场与东道国市场之间的制度距离。我们引入三个交互项 $LOCALBANK_{it} \times DISTANCE_{it}$、$DMBANK_{it} \times DISTANCE_{it}$和 $EMBANK_{it} \times DISTANCE_{it}$，分别用以检验三个假设，即制度距离如何影响来自当地银行的逆向知识溢出效应（H_4a）、制度距离如何影响来自发达国家外资银行的竞争效应（H_4b），以及制度距离如何影响来自新兴经济体外资银行的竞争效应（H_4c）。X 表示银行和宏观层面的控制变量，包括银行规模（*SIZE*）、资产权益率（*EQUITY*）、贷款资产比重（*LOAN*）、资产利润率（*PROFIT*）、母国经济发展水平（*GDP_ home*）、东道国经济发展水平（*GDP_ host*）。此外，我们在实证模型中控制了年份固定效应（μ_t）和银行固定效应（δ_i）。

（3）变量测量

①银行效率（*EFF*）。

为了深入探究知识溢出效应，过去的研究广泛采用了企业生产率水平作为分析的核心指标（Aitken & Harrison，1999；Tian，2007；Zhang et al.，2010）。在银行业领域，生产率通常被理解为银行将资源投入转化为产出的能力，即银行效率（Berger & Mester，1997；Lozano－Vivas & Pasiouras，2010；Gaganis & Pasiouras，2013）。在评估银行效率的方法选择上，边界分析法因其直观性和实用性而被广泛采用。这种方法通过设定效率边界，并比较银行实际表现与边界值，从而得出银行的效率水平。边界分析法可以根据其计算原理细分为参数法和非参数法。参数法如 SFA，事先设定了最优边界函数形式，并考虑了随机误差的干扰（Aigner et al.，1977）。与之相反，非参数法，如 DEA，则不预设边界函数形式，也不考虑随机误差，可能导致估算结果出现偏差（Banker et al.，1984）。此外，DEA 在评估时仅关注投入产出的数量，忽略了其价值，且在投入产出指标的选择上较为敏感，这些局限性使得 DEA 在效率评估中的应用受到一定限制。鉴于 SFA 在评估银行效率时能够综合考虑随机误差、投入产出价值以及跨年份比较的优势（顾乃华、李江帆，2006），本部分将采用 SFA 对银行效率进行估算。

在评估银行效率的范围选择上，存在技术效率和成本效率两类主要研究（王恕立、胡宗彪，2012）。技术效率关注的是银行在给定投入下最大化产出的能力，而成本效率则进一步考量了银行在控制成本方面的表现。成本效率不仅包含了技术效率的内容，还涵盖了配置效率，即银行如何通过资源的有效配置来提高整体效率和产量（Schmidt & Lovell，1989）。因此，本书选择成本效率作为分析的核心指标，以全面评估银行的运营效率。成本效率的计算基于银行在给定产出和投入价格下的实际成本与最优成本之间的比值，其取值范围在 0 ~ 1。例如，若成本效率为 0.8，则意味着相较于最优效率的银行，样本银行仅有效利用了自身资源的 80%，剩余 20% 的资源被浪费。基于 SFA 的成本效率估算超越对数模型如下：

$$
\begin{aligned}
\ln[TC/(\alpha W_3)]_{it} &= \beta_0 + \beta_1 \ln(Q_1/\alpha)_{it} + \beta_2 \ln(Q_2/\alpha)_{it} + \\
&\beta_3 \ln(W_1/W_3)_{it} + \beta_4 \ln(W_2/W_3)_{it} + \frac{1}{2}\beta_5 (\ln Q_1/\alpha)_{it}^2 + \\
&\frac{1}{2}\beta_6 (\ln Q_2/\alpha)_{it}^2 + \beta_7 [\ln(Q_1/\alpha) \times \ln(Q_2/\alpha)]_{it} + \frac{1}{2}\beta_8 (\ln W_1/W_3)_{it}^2 + \\
&\frac{1}{2}\beta_9 (\ln W_2/W_3)_{it}^2 + \beta_{10} (\ln W_1/W_3) \times (\ln W_2/W_3)_{it} + \\
&\beta_{11} (\ln W_1/W_3) \times (\ln Q_1/\alpha)_{it} + \beta_{12} (\ln W_1/W_3) \times (\ln Q_2/\alpha)_{it} + \\
&\beta_{13} (\ln W_2/W_3) \times (\ln Q_1/\alpha)_{it} + \beta_{14} (\ln W_2/W_3) \times (\ln Q_2/\alpha)_{it} + v_{it} + u_{it}
\end{aligned} \tag{4.4}
$$

其中，TC 表示银行 i 在 t 年的总运营成本，Q 表示银行产出数量，W 表示银行投入价格，v 为银行无效率项，u 为随机误差。为了精确且全面地测量银行的效率，本部分采纳了中介法（Sealey & Lindley，1977）作为理论基础来界定银行的投入和产出。这一方法将银行视为金融市场的核心中介，负责将各类资源（投入）有效转化为有价值的资产和服务（产出）。鉴于中介法在处理独立金融实体效率测量方面的适用性（Bos & Kool，2006），本书采用此框架来指导指标的选择。参考银行效率研究领域的主要文献（Lozano - Vivas & Pasiouras，2010；Chortareas et al.，2013；Gaganis & Pasiouras，2013），本书确定的银行产出指标包括贷款总额（Q_1），衡量银行在贷款市场上的活跃程度；以及其他盈利资产（Q_2），涵盖了投资性证券、同行业间资金以及其他投资等，反映了银行在多元化资产组合上的管理能力。在投入方面，本书选取了三个关键的价格指标来全面衡量银行的运营成本。首先是劳动力成本（W_1），通过人力资本支出与总资产的比值来计算，这一指标反映了银行在人员配置和薪酬管理上的效率。其次是借入资金成本（W_2），由利息支出与存款总额的比值来衡量，这一指标揭示了银行在资金筹措和成本控制方面的能力。最后是实体资本成本（W_3），通过日常支出与固定资产的比值来计算，这一指标考量了银行在固定资产投入与日常运营费用管理上的效率。α 代表银行的总资产，总成本 TC、产出 Q、投入价格 W 分别以α 、W_3进行标准化，以消除与规模相关的异方差性和潜在偏差（Berger & Mester，1997）。银行效率测量采用 Frontier 4.1 软件（Coelli，1996）进行估计。该软件采用 Battese 和 Coelli（1992）提出的模型来估计。

②银行市场参与度。

传统研究在探讨 FDI 中的知识溢出效应时，多采用外资企业数量占市场总份额作为衡量外资企业市场参与度的标准。本部分在探究发达国家当地银行对新兴经济体外资银行产生的逆向知识溢出时，采取了一种类似的方法对市场参与度进行测量。我们通过分析银行数量在各自市场中的占比，分别量化发达国家当地银行、发达国家外资银行和新兴经济体外资银行的市场参与度（Chang & Xu，2008）。我们选择银行数量而非银行总资产、净利润等财务指标来测量市场参与度，主要是基于新兴经济体银行与发达国家银行在业务结构上的显著差异。由于政策限制和市场成熟度等因素，新兴经济体银行的核心业务往往集中于信贷业务（Brandt & Li，2003）。而发达国家银行则因市场开放度和金融创新的推动，拥有更加多元化的业务结构，中间业务收入占比显著。鉴于这种业务结构的差异性，若使用银行资产或利润等财务指标来衡量不同银行在市场上的比重，可能会因业务结构的差异而产生较大的偏差。相比之下，银行数量作为一个相对中性的指标，能够更为直接和准确地反映不同银行在市场上的参与度，从而确保测量的准确性和可靠性。

③制度距离（*DISTANCE*）。

现有研究多采用经济自由度指数（Miller et al.，2014）作为衡量制度距离的基础。目前，该指数在企业国际化研究中得到了广泛应用（Meyer et al.，2009；Shinkle & Kriauciunas，2010；Holmes et al.，2013）。经济自由度指数表示劳动力、资本和商品能够在多大程度上自由流动，反映了政府在各个领域内的参与和控制程度。该指标采用百分制，数值越高表示制度质量越高，由 10 个定量和定性因素组成。在本部分中，我们将采用经济自由度水平的总体平均值来衡量银行母国和东道国的制度质量，并通过计算两国经济自由度水平之差的绝对值来量化制度距离。

④控制变量。

参考以往研究（Berger et al.，1993；Miller & Noulas，1996；Maudos et al.，2002），本书从银行层面选取了 4 个控制变量：银行规模、资产权益率、贷款资产比重、资产利润率。在国家层面，我们引入了母国与东道国的 GDP 水平作为控制变量。

4.2.2 实证结果分析

本章主要变量的皮尔逊相关系数矩阵见表 4.1。可以看到，解释变量与主要控制变量之间的相关系数绝大部分小于 0.5。此外，本部分通过方差膨胀因子（VIF）来检验主要解释变量之间是否存在多重共线性问题，得出 *VIF* 值为 3.67，远低于多重共线性的边界水平 10，表明本章的实证模型不存在严重的多重共线性问题。

在回归模型的选择上，为了降低潜在样本选择偏差和内生性问题的影响，本书采取了以下几种策略。首先，对所有解释变量进行了滞后一期的处理。这一做法旨在缓解自变量与因变量之间可能存在的逆向因果关系，即避免自变量成为因变量的结果，进而减少内生性问题的发生（Jean et al.，2016）。此外，由于知识溢出效应往往具有时滞性，对自变量进行滞后处理也有助于更准确地分析知识溢出对银行海外投资决策的影响。其次，本书选择了固定效应模型而非随机效应模型。固定效应模型能够剔除残差项中不随时间变化的部分，从而在一定程度上缓解内生性问题。Hausman 检验的结果也验证了选择固定效应模型的合理性（Wooldridge, 2010）。最后，本书在实证分析中加入了年份虚拟变量和国家虚拟变量，以控制这些潜在影响因素。

（1）逆向知识溢出效应实证分析

表 4.2 报告了 H_1 至 H_3 的实证检验结果。结果 2 说明发达经济体当地银行市场参与度（*LOCALBANK*）与新兴经济体银行海外子行效率水平呈显著正向相关（系数为 0.174，$p<0.05$），从而支持了 H_1。结果 3 说明发达经济体外资银行市场参与度（*DMBANK*）与新兴经济体银行海外子行效率水平无明显显著关系，说明 H_2 没有得到支持。结果 4 说明来自新兴经济体的其他外资银行市场参与度（*EMBANK*）与新兴经济体银行海外子行效率水平在 1% 的水平上显著为负，H_3 得到支持。

从经济意义来看，发达经济体当地银行市场参与度（*LOCALBANK*）每提高一个标准误，将引起新兴经济体银行海外子行效率水平上升 0.042（0.174 × 0.24），银行效率水平均值上升 4.88%（0.042/0.860 × 100%）。而新兴经济体外资银行市场参与度每提高一个标准误，将引起新兴经济体银行海外子行效率水平下降 0.114（0.474 × 0.24），银行效率水平均值下降 13.26%（0.114/0.860 × 100%）。

在银行层面的控制变量中，银行规模对海外子行效率水平的影响均显著为负，资产权益率和资产利润率与新兴经济体银行效率呈显著正相关关系。银行规模系数显著为负说明银行规模越大效率越低，这可能是因为在规模经济的基础上，银行规模的扩大还会带来更大的经营风险（Girardone et al., 2004）。在国家层面，东道国 GDP 水平与新兴经济体银行效率水平呈显著正相关关系，反映了市场基础对银行海外经营的重要性。

表 4.1　新兴经济体银行在发达国家市场的逆向知识溢出实证分析相关系数矩阵

变量	1	2	3	4	5	6	7	8	9	10	11
EFF	1.000										
SIZE	−0.091	1.000									
EQUITY	0.066	0.927	1.000								
LOAN	0.046	0.574	0.585	1.000							
PROFIT	0.106	0.135	0.149	0.038	1.000						
GDP_host	0.110	−0.135	−0.131	−0.116	−0.027	1.000					
GDP_home	−0.054	0.345	0.295	0.088	−0.066	0.176	1.000				
LOCALBANK	0.025	−0.174	−0.221	−0.085	−0.102	0.236	0.081	1.000			
DMBANK	−0.074	0.061	0.083	0.038	0.098	−0.160	0.025	−0.864	1.000		
EMBANK	−0.087	0.444	0.491	0.230	0.101	−0.073	0.087	−0.361	0.113	1.000	
DISTANCE	0.187	0.122	0.189	0.044	0.024	0.102	−0.273	−0.329	0.123	0.438	1.000

（2）制度距离调节作用的实证分析

表4.3报告了制度距离调节作用的检验结果。结果2说明制度距离会显著抑制新兴经济体银行从发达经济体当地银行获得正向知识溢出，结果3、结果4与原有假设不一致，即 H_4a 得到支持。

（3）稳健性检验

表4.4和表4.5报告了解释变量滞后两期的稳健性检验，以进一步控制可能的知识溢出或竞争效应的滞后性。可以看出，主要结果与基准回归结果保持一致。

表4.2 新兴经济体银行在发达国家市场的逆向知识溢出效应实证分析

变量	1	2	3	4
常数项	1.780*** (0.178)	1.617*** (0.184)	1.769*** (0.180)	1.811*** (0.177)
SIZE	-0.050*** (0.007)	-0.048*** (0.007)	-0.048*** (0.007)	-0.050*** (0.007)
EQUITY	0.025*** (0.008)	0.024*** (0.008)	0.024*** (0.008)	0.025*** (0.008)
LOAN	-0.000 (0.000)	-0.000 (0.000)	-0.000 (0.000)	-0.000 (0.000)
PROFIT	0.645*** (0.145)	0.622*** (0.146)	0.641*** (0.147)	0.643*** (0.144)
GDP_ host	0.171*** (0.031)	0.146*** (0.032)	0.160*** (0.031)	0.173*** (0.030)
GDP_ home	-0.007 (0.018)	-0.002 (0.018)	-0.005 (0.018)	-0.007 (0.017)
DISTANCE	-0.000 (0.001)	0.000 (0.001)	0.000 (0.001)	-0.000 (0.001)
LOCALBANK（H_1）		0.174** (0.068)		
DMBANK（H_2）			-0.109 (0.071)	

续表

变量	1	2	3	4
EMBANK（H_3）				-0.474*** (0.150)
年份虚拟变量	已包括	已包括	已包括	已包括
国家虚拟变量	已包括	已包括	已包括	已包括
观测值数量	614	607	607	614

注：括号内为标准误，“*”表示p值小于0.10，“**”表示p值小于0.05，“***”表示p值小于0.01。

表4.3　发达国家市场的制度距离调节作用实证分析

变量	1	2	3	4
常数项	1.780*** (0.178)	1.382*** (0.195)	1.715*** (0.178)	1.805*** (0.177)
SIZE	-0.050*** (0.007)	-0.045*** (0.007)	-0.043*** (0.007)	-0.050*** (0.007)
EQUITY	0.025*** (0.008)	0.024*** (0.008)	0.025*** (0.008)	0.025*** (0.008)
LOAN	-0.000 (0.000)	-0.000 (0.000)	-0.000 (0.000)	-0.000 (0.000)
PROFIT	0.645*** (0.145)	0.613*** (0.145)	0.581*** (0.145)	0.633*** (0.144)
GDP_ host	0.171*** (0.031)	0.122*** (0.032)	0.139*** (0.031)	0.173*** (0.030)
GDP_ home	-0.007 (0.018)	0.005 (0.018)	-0.005 (0.018)	-0.005 (0.018)
DISTANCE	-0.000 (0.001)	0.008*** (0.002)	-0.005*** (0.001)	0.000 (0.001)
LOCALBANK（H_1）		0.425*** (0.100)		
DMBANK（H_2）			-0.447*** (0.108)	
EMBANK（H_3）				-0.141 (0.321)

续表

变量	1	2	3	4
LOCALBANK × *DISTANCE*（H_4a）		−0.013 *** (0.004)		
DMBANK × *DISTANCE*（H_4b）			0.018 *** (0.004)	
EMBANK × *DISTANCE*（H_4c）				−0.015 (0.013)
年份虚拟变量	已包括	已包括	已包括	已包括
国家虚拟变量	已包括	已包括	已包括	已包括
观测值数量	614	607	607	614

注：括号内为标准误，“ * ”表示 p 值小于 0.10，“ * * * ”表示 p 值小于 0.01。

表 4.4　新兴经济体银行在发达国家市场的逆向知识溢出稳健性检验

变量	1	2	3	4
常数项	1.780 *** (0.178)	1.617 *** (0.184)	1.769 *** (0.180)	1.811 *** (0.177)
SIZE	−0.050 *** (0.007)	−0.049 *** (0.007)	−0.049 *** (0.007)	−0.050 *** (0.007)
EQUITY	0.025 *** (0.008)	0.025 *** (0.008)	0.025 *** (0.008)	0.025 *** (0.008)
LOAN	−0.000 (0.000)	−0.000 (0.000)	−0.000 (0.000)	−0.000 (0.000)
PROFIT	0.645 *** (0.145)	0.625 *** (0.146)	0.637 *** (0.146)	0.641 *** (0.144)
GDP_ host	0.171 *** (0.031)	0.158 *** (0.031)	0.168 *** (0.031)	0.171 *** (0.030)
GDP_ home	−0.007 (0.018)	−0.003 (0.018)	−0.006 (0.018)	−0.012 (0.018)
DISTANCE	−0.000 (0.001)	0.000 (0.001)	−0.000 (0.001)	−0.000 (0.001)
LOCALBANK（H_1）		0.105 + (0.067)		

续表

变量	1	2	3	4
DMBANK（H_2）			-0.026 (0.067)	
EMBANK（H_3）				-0.404 *** (0.135)
年份虚拟变量	已包括	已包括	已包括	已包括
国家虚拟变量	已包括	已包括	已包括	已包括
观测值数量	614	608	608	614

注：括号内为标准误，“+”表示 p 值小于 0.20，“*”表示 p 值小于 0.10，“***”表示 p 值小于 0.01。

表 4.5　发达国家市场的制度距离调节作用稳健性检验

变量	1	2	3	4
常数项	1.780 *** (0.178)	1.442 *** (0.194)	1.652 *** (0.179)	1.752 *** (0.177)
SIZE	-0.050 *** (0.007)	-0.046 *** (0.007)	-0.042 *** (0.007)	-0.049 *** (0.007)
EQUITY	0.025 *** (0.008)	0.024 *** (0.008)	0.024 *** (0.008)	0.025 *** (0.008)
LOAN	-0.000 (0.000)	-0.000 (0.000)	-0.000 (0.000)	-0.000 (0.000)
PROFIT	0.645 *** (0.145)	0.591 *** (0.145)	0.538 *** (0.144)	0.631 *** (0.144)
GDP_ host	0.171 *** (0.031)	0.132 *** (0.032)	0.129 *** (0.031)	0.169 *** (0.030)
GDP_ home	-0.007 (0.018)	0.005 (0.018)	-0.009 (0.018)	-0.011 (0.018)
DISTANCE	-0.000 (0.001)	0.008 *** (0.002)	-0.006 *** (0.001)	0.000 (0.001)
LOCALBANK（H_1）		0.371 *** (0.096)		

续表

变量	1	2	3	4
DMBANK（H_2）			−0.449*** (0.103)	
EMBANK（H_3）				0.037 (0.281)
LOCALBANK × *DISTANCE*（H_4a）		−0.014*** (0.004)		
DMBANK × *DISTANCE*（H_4b）			0.022*** (0.004)	
EMBANK × *DISTANCE*（H_4c）				−0.020* (0.011)
年份虚拟变量	已包括	已包括	已包括	已包括
国家虚拟变量	已包括	已包括	已包括	已包括
观测值数量	614	608	608	614

注：括号内为标准误，“*”表示p值小于0.10，“***”表示p值小于0.01。

4.3 本章小结

本章基于新兴经济体银行国际化的特点和知识溢出效应的发生机制，对新兴经济体银行到发达国家市场的FDI中逆向知识溢出效应进行了机理分析，相应假设检验结果如表4.6所示。

表4.6 新兴经济体银行在发达国家市场的逆向知识溢出实证结果一览

研究假设		回归系数符号假设	假设检验
H_1	发达国家当地银行的市场参与度与新兴经济体银行海外子行的效率水平正相关	+	支持
H_2	来自发达国家的外资银行的市场参与度与新兴经济体银行海外子行的效率水平正相关	+	不支持
H_3	来自其他新兴经济体的外资银行的市场参与度与新兴经济体银行海外子行的效率水平负相关	−	支持

续表

研究假设		回归系数符号假设	假设检验
H_4a	制度距离显著抑制当地银行市场参与度对新兴经济体银行海外子行的效率水平的影响	–	支持
H_4b	制度距离显著抑制来自发达国家外资银行的市场参与度对新兴经济体银行海外子行效率水平的影响	–	不支持
H_4c	制度距离显著抑制来自其他新兴经济体外资银行的市场参与度对新兴经济体银行海外子行效率水平的影响	–	支持

本章对新兴经济体银行在发达国家经营时经历的逆向知识溢出现象进行了深入分析，从而在一定程度上拓宽了逆向知识溢出效应的研究领域。首先，我们深入探讨了知识溢出产生的两个核心要素：地理邻近性与技术差异。本章强调，新兴经济体银行通过在发达国家进行海外投资，为学习与获取逆向知识溢出提供了关键机遇和坚实基础。其次，我们进一步将新兴经济体银行面临的逆向知识溢出源细化为三个主要类别：发达国家当地银行、来自发达国家的外资银行以及来自新兴经济体的外资银行，发现不同组别银行的市场参与度对新兴经济体银行海外子行效率水平的影响存在显著差异。最后，本章引入了制度距离作为考量因素，探讨其对逆向知识溢出效应的调节作用。这一分析为我们理解新兴经济体银行在发达国家经营时面临的挑战和机遇提供了新的视角。

5 新兴经济体银行在发展中国家市场的逆向知识溢出

在第 4 章的实证分析中，探讨了新兴经济体银行在发达国家市场的逆向知识溢出效应。由于新兴经济体银行进行国际化时会同时向发达国家市场和发展中国家市场进行海外扩张（Guillén & García – Canal，2009），所以本章对新兴经济体银行到发展中国家市场的 FDI 活动进行分析，考察新兴经济体银行在发展中国家市场的逆向知识溢出。

本章以海外子行为研究层面，分析新兴经济体银行在发展中国家市场的逆向知识溢出效应。通过对不同知识来源进行区分，本章分别分析发展中国家当地银行、发达国家外资银行和其他新兴经济体外资银行对海外子行的三种不同的逆向知识溢出效应。在知识溢出效应的基础上，本章通过加入制度距离，考察海外子行母国与东道国之间的制度距离对于这三种逆向知识溢出效应的调节作用。根据文献梳理，提出以下假设。

5.1 理论假设

5.1.1 发展中国家东道国市场的特点

作为东道国市场，发展中国家与发达国家在综合经济实力和社会发展水平上存在着一定的差距。近年来，发展中国家的快速崛起使长期位居世界经济中心的发达国家黯然失色，巨大的贸易潜力和广阔的发展前景使得新兴经济体国家逐渐成为世界经济重心（Tan，2005）。虽然不少发展中国家，尤其是新兴经济体，在制造业的发展上近年来迅速上升，但是在产品研发、人才素质、规模经济和其他产业如金融业等的发展上都处于较明显的劣势，在国际市场上没有较强的竞争优势（Wright et al.，2005）。发展中国家的经济发展中存在着制度环境不完善、区域经济发展不平衡等问题，而且其经济发展模式对外依赖性较强，如产业升级多依赖发达国家。虽然不少发展中国家实现了快速的经济增长，但是从根本上看，在社会发展和经济结构发展上都与发达国家存在较大差距（Hoskisson et al.，2000）。从贸易结构上看，发展中国家的企业大多仍处于全球产业链的低端，消耗能源和人力资源的产品在出口贸易中占有较大比重，而知识和技术含量高的服务贸易所占比重较小（Ernst & Kim，2002）。此外，发展中国家在科技创新能力、教育水平和医疗卫生水平等方面都与发达国家有很大的差距。

新兴经济体银行在发展中国家市场进行 FDI 活动时，可能难以获得技术型知识的逆向知识溢出。由于全球扩张和能力提升的双重压力，相较于由近及远的循序渐进式国际化战略，新兴经济体银行更倾向于同时进入发达国家市场和发展中国家市场（Guillén & García - Canal，2009）。新兴经济体银行到发达国家市场进行国际化时，可能获得一定的技术型知识的逆向知识溢出；而到发展中国家进行国际化时，由于与当地银行的效率差距相对较小，不太可能发生技术型知识的逆向知识溢出（Girma & Görg，2007）。虽然到发展中国家市场进行海外投资对于新兴经济体银行在知识积累和技术发展方面没有较强的促进作用，但是由于当地市场的竞争相对缓和，当地银行往往缺乏较强的技术和知识资源，因此新兴经济体银行可以利用自身既有的优势和资源，通过最大化自身垄断优势的价值，进而获取垄断利润（Ramamurti，2012）。

新兴经济体银行在发展中国家市场进行 FDI 活动时的逆向知识溢出以制度型知识为主。由于发展中国家制度环境的不成熟和社会发展水平的相对落后，新兴经济体银行到发展中国家市场进行 FDI 活动时，不仅难以获取新的技术和知识，反而由于面对陌生和发展不完善的制度环境，使其"外来者"劣势可能更为严峻（Henisz & Zelner，2005）。但是，作为服务业企业，周围的制度环境和客户资源对于商业银行的经营发展至关重要

(Terpstra, 1988)。发展中国家当地银行往往对制度环境的适应性更强，拥有更为丰富的经营经验和当地客户资源，这对于新兴经济体银行而言有着较高的价值和重要性。所以发展中国家当地银行对新兴经济体银行也可能存在着一定的知识溢出，不过这种知识溢出可能更多地体现在制度型知识上，即本土化经营能力和对当地制度环境的适应能力（Rosenzweig & Singh, 1991)。

5.1.2 逆向知识溢出机理分析

（1）发展中国家当地银行对新兴经济体银行的知识溢出

一般而言，当跨国企业进入东道国迥异的制度环境时，其行为决策及经营管理都要与当地企业和当地顾客的偏好保持一致，才能在东道国市场上取得“制度合法性”，进而得以生存和盈利（Peng & Heath, 1996; Henisz & Zelner, 2005)。跨国企业对制度环境的学习和适应，不仅仅是指对东道国的相关法律法规和商业规范等常规性的显性知识进行了解并遵循，更是指企业将自身的生产流程、营销渠道和管理体系等融入东道国的制度环境，或者更好地发挥其价值（Xu & Hitt, 2012)。为了满足东道国市场上消费者的偏好，跨国企业不仅需要掌握当地产品或者服务相关的生产技术和营销技能，而且需要调整组织内部的运营结构以适应东道国的环境要求(Petersen & Pedersen, 2002)。因此，有研究将知识基础观（Grant, 1996）与企业国际化研究结合起来，认为跨国企业只有对东道国市场的相关知识和信息进行定期的搜索与获取，并根据得到的知识和信息对组织内部结构及资源组合进行调整与重组，才能保证企业在东道国市场生存下去，维持其自身的竞争优势（Kogut & Zander, 1993; Sirmon et al., 2007)。由于跨国企业对东道国的制度、文化和商业规范等不够了解，感知能力和适应能力也较弱，可以通过对当地企业进行模仿学习，在一定程度上减小相关的风险，进而提高跨国企业在东道国制度环境的“合法性”（Rosenzweig & Singh, 1991)。有实证研究表明，外资银行和当地银行的行为相似度越高，其对“外来者”劣势的感知度就越低（Zaheer, 1995)。

当新兴经济体银行到发展中国家市场进行 FDI 时，向当地银行学习对于其获得制度合法性至关重要，主要原因有以下几点。第一，发展中国家市场上相对落后和不完善的制度环境给外资银行在当地的经营发展带来较大的不利影响（董艳等，2011；邓明，2012），不仅使新兴经济体银行在当地市场得到制度合法化的难度更大，也使制度合法性变得非常必要（Peng & Heath，1996）。一般而言，新兴经济体银行在进行国际化时更倾向于选择制度环境完善并稳定的东道国市场，但是由于全球扩张的压力，新兴经济体银行也必须进入制度环境相对落后和不完善的发展中国家市场。这就使得新兴经济体银行进入发展中国家市场时，通过对当地银行进行模仿学习以获取制度合法性至关重要。第二，发展中国家市场上相对落后和不完善的制度环境往往将会使得非正式制度发挥更为重要的作用（Earley，1989；Peng & Luo，2000；Park & Luo，2001）。在这种情境下，为了降低因制度环境发展不完善所带来的不确定性，外资银行往往倾向于通过对当地银行进行模仿学习、雇用当地员工等方式，在东道国市场建立起声誉和品牌形象，拓展在当地的客户资源，进而将银行自身的管理经验、人力资源和服务网络等融入东道国制度环境内（李军、王玉荣，2013）。

综上所述，当新兴经济体银行到发展中国家市场进行 FDI 时，基于当地的制度环境压力，往往通过模仿学习当地银行，或者雇用当地员工等间接方式与当地银行建立联系，进而提高制度合法性和生存能力，即达到制度学习的效果。发展中国家当地银行对新兴经济体银行的这种知识溢出效应虽然与技术和创新知识的溢出不一样，但是作为服务业企业，跨国银行的全球服务网络和在海外市场的本土化往往是决定其国际化经营绩效的核心要素，所以，当地银行为新兴经济体银行带来的制度合法性和客户资源也是提升新兴经济体银行海外子行在当地经营效率水平的重要因素。因此，本部分从新兴经济体银行的海外子行层面出发，提出如下假设。

H_5：当新兴经济体银行到发展中国家市场进行 FDI 时，当地银行的市场参与度与新兴经济体银行海外子行效率水平正相关。

（2）发达国家外资银行对新兴经济体银行的知识溢出

除了当地银行，发达国家外资银行也会对新兴经济体银行有一定的影响。由于跨国银行的创造性资产往往集中在母行层面，加上银行拥有的核心知识和技术资源具有环境嵌入性（Jaffe et al.，1993），发达国家外资银行难以向新兴经济体银行产生有效率的知识溢出。首先，发达国家银行的核心技术、知识和创造性资产一般都集中在母行层面，而由于地理距离、制度环境差异、经营战略目标差异等因素影响，海外子行与母行间的知识转移往往难以有效地进行（Kostova，1999；Kostova & Roth，2002），承载着创造性资产的战略实践和组织惯例一般被保留在母行层面。其次，企业间的地理相邻性是产生知识溢出的必要条件（Funk，2014）。银行经营发展的创造性资产往往是隐性的，且具有一定的环境嵌入性，因此发达国家外资银行作为海外子行，其拥有的知识和技术资源一般较为成熟，对于寻求和学习新知识的新兴经济体银行而言并没有重要价值（Almeida & Kogut，1999）。除此之外，发达国家银行在母国所处的创新网络体系也是新兴经济体通过模仿学习进而转移与创造知识和技术的重要途径，而在发展中国家市场的发达国家海外子行往往没有相应的渠道（Funk，2014）。最后，由于新兴经济体银行进入发展中国家市场时，往往出于市场扩张型国际化动机，如何本土化和如何适应制度环境对于新兴经济体银行而言尤为重要，这也在一定程度上削弱了发达国家外资银行对其可能存在的知识溢出。因此，当到发展中国家市场进行 FDI 时，发达国家外资银行对新兴经济体银行的知识溢出难以有效率地发生，即不太可能存在有效的知识溢出。

此外，为了在当地市场获取制度合法性和拓展客户资源，发达国家外资银行对新兴经济体银行可能存在一定的排挤效应（Chang & Xu，2008）。发展中国家市场上制度环境相对落后和不完善的特殊性，使得跨国银行在进入当地市场时，获取制度合法性和拓展客户资源尤为重要（Peng & Heath，1996）。凭借丰富的国际化经验以及在管理水平、技术能力和业务发展等方面的竞争优势，发达国家外资银行在与当地银行合作方面的吸引力和竞争力较强，而且能吸引营利性强和财务状况好的当地客户（Berger et al.，2001；Clarke et al.，2003），这使得新兴经济体外资银行的本土化更加举步维艰，在营利性、流动性和安全性方面都有可能受到较严重的冲击（Chen，1996）。由于新兴经济体银行国际化起步较晚，国际化经验还不足，可能无力应对发达国家外资银行所带来的竞争压力，而被迫承受更高的风险，进而损害银行的效率水平（Petrou，2007）。

综上所述，由于核心知识往往集中在母行层面，发达国家外资银行与新兴经济体外资银行不太可能发生有效的知识溢出；基于在发展中国家市场经营时与当地银行建立联系和拓展当地客户资源的重要性，发达国家外资银行基于自身的竞争优势，给新兴经济体外资银行的本土化带来较大的威胁，进而影响银行的效率水平。因此，本部分提出以下假设。

H_6：当新兴经济体银行到发展中国家市场进行 FDI 时，发达国家外资银行市场参与度与新兴经济体银行海外子行效率水平负相关。

（3）其他新兴经济体外资银行对海外子行的知识溢出

当到发展中国家市场进行 FDI 时，新兴经济体外资银行间也存在着较强的负向竞争效应。从可能的知识溢出效应来看，考虑到新兴经济体外资银行间的技术差距较小，难以触发有效的知识溢出（Findlay，1978）。从竞争效应来看，新兴经济体外资银行间可能存在较强的排挤效应，尤其是来自同一个母国的新兴经济体银行之间。Chen（1996）以两个企业为例，提出了分析企业间竞争的理论模型，强调市场共通性和资源相似性是影响企业间竞争的两个核心要素。市场共通性是指企业与竞争企业市场的重叠程度，即市场共享程度；资源相似性是指企业与竞争企业拥有相似的资源种类或者资源配置结构。市场共通性和资源相似性越高，企业对彼此的熟悉程度越高，可能的联系和互动程度越高，因此企业间对市场和资源的竞争程度也越高（Porter，1980）。当新兴经济体银行来自同一个母国时，它们之间的市场共通性和资源相似性往往较高（Chang & Xu，2008）。资源相似性较高体现在它们相似的制度环境背景、资源和竞争优势上的相对弱势。市场共通性在服务业尤为突出，由于服务业企业更倾向于跟随客户“走出去”（Kindleberger，1983；Mutinelli & Piscitello，2001），在海外市场上企业业务的相当一部分是从国内延伸过来的，因此来自同一母国的银行间的市场共通性较高。

关于银行竞争和银行效率水平之间相互关系的研究结论存在一定的分歧，可以分为两个方面。一是“不利竞争假说”，即银行间竞争会降低银行效率（Diamond，1984）。银行业不是完全竞争的，而是存在寡头垄断竞争（Berg & Kim，1994；Bikker & Haaf，2002；Weill，2004）。金融稳定的特殊要求，使得银行业存在信息不对称的行业特征，不太可能出现完全竞争。一般而言，银行作为服务业，维护客户关系和客户资源是其经营的重要部分，为了积累与企业客户信用相关的经营信息，并通过业务来往建立起长期的合作关系，银行往往会通过“贷中学”（Learning by Lending）不断积累和了解企业信用信息。然而，银行间的竞争往往会增加银行对企业信用信息的收集成本，进而增加银行发展新客户和维护老客户的成本，破坏银行与企业客户间的关系链，使得银行成本效率降低（Ali & Sghaier，2012）。二是“有利竞争假说”，即银行间竞争有利于银行效率水平的提升。由于银行业是寡头垄断行业，如果银行具有垄断势力，就可能轻易地获取垄断利润。从长期来看，这不仅会使银行经营的成本增加，也会阻碍银行创新的动力和能力，进而降低银行效率水平。在这种情况下，银行为了不被竞争激烈的市场淘汰，不得不提高创新能力和技术水平，提高自身竞争能力，进而提升效率水平（Leibenstein，1966）。然而，过于激烈的竞争也会使银行面临破产的风险，甚至被排挤出市场。

根据上述两种假说，新兴经济体银行到发展中国家市场进行 FDI 时，来自同一母国的新兴经济体银行间存在较强的负向竞争效应。由于新兴经济体银行不仅缺乏足够的资金、技术和管理经验，也缺乏足够的国际化经验，在海外市场上并不具有一定的垄断优势（Luo & Tung，2007）。商业银行基于对客户关系的重视和维护，往往倾向于在国际化时采取跟随客户型战略，即跟随企业客户“走出去”，在海外市场上设立新的分支机构，以便为企业提供更好、更多样化的服务（Kindleberger，1983）。新兴经济体银行在海外市场上为来自母国的企业客户提供服务时享有在母国已经积累的品牌优势、对客户信息和业务的了解，以及相较于当地银行在语言、文化、习俗、宗教等方面与客户沟通的便利性（Mutinelli & Piscitello，2001）。因此，当新兴经济体银行到发展中国家市场进行 FDI 时，新兴经济体外资银行之间存在着较强的负向竞争效应。本部分提出如下假设。

H_7：当新兴经济体银行到发展中国家市场进行 FDI 时，其他新兴经济体外资银行市场参与度与新兴经济体银行海外子行效率水平负相关。

5.1.3 制度距离调节作用的机理分析

制度是人为设计的用来制约人类交互行为的约束条件（North，1991）。制度环境一般通过管制、规范、认知等方面为特定的社会行为和活动赋予一定的稳定性与现实意义（Scott，1995），是组织结构和行为的主要决定因素（DiMaggio & Powell，1991），并通过国家政策、共享的社会认知与文化价值观念对企业活动进行一定的约束和指引。制度距离则是不同国家之间在制度环境上的差异（Kostova，1999；Kostova & Zaheer，1999）。制度距离的存在，往往使跨国企业在东道国市场经营时面临两个方面的障碍：一方面，制度距离的存在，使海外子公司难以理解并融入东道国的制度环境中，进而使海外子公司在当地难以获得制度合法性（Kostova & Zaheer，1999）；另一方面，作为海外子公司创新和知识的来源，母公司需要向海外子公司进行组织惯例和战略资源的传输与转移，而制度距离的存在使得母公司与海外子公司之间的联系受到限制，进而使得组织惯例和战略资源跨国界转移的难度增大（Kostova，1999）。

从难以获得制度合法性的困难来看，制度距离的存在使得新兴经济体外资银行更需要通过向当地银行进行模仿学习或者建立一定的合作和联系，进而减小获取制度合法性的难度。一般而言，合法性是指在由共享的价值观、认知、信念和规范等构建的社会体系内，一个实体行为或活动被认为是恰当的或合法的一般性感知（Suchman，1995）。对于企业而言，其进入市场的方式、开展业务的方式以及业务经营范围等要与所处制度环境的价值观、认知、商业规范等相一致，才能获取相应的制度合法性（Dowling & Pfeffer，1975）。因此，在所处的制度环境中获取合法性是企业生存和发展的关键（Scott，1995）。在东道国市场上的制度环境内获取合法性对于跨国企业而言至关重要（Kostova & Roth，2002；Xu et al.，2004）。然而，制度距离的存在往往使得跨国公司在海外市场上的子公司对东道国市场的制度环境难以理解和融入，使其在东道国市场所面临的“外来者”劣势也更为突出，进而在获取制度合法性上面临较大的困难（Kostova & Zaheer，1999）。当新兴经济体银行作为外资银行进入发展中国家市场时，制度距离越大，新兴经济体银行在当地市场获取制度合法性的难度就越大，越容易通过模仿学习当地银行的经营和管理经验、雇用更多的当地员工等方式提高自身的制度合法性（Xu et al.，2004），即制度距离的存在使得当地银行向新兴经济体银行的知识溢出更加显著。因此，本部分提出如下假设。

H_8a：**当新兴经济体银行到发展中国家市场进行 FDI 时，制度距离在当地银行市场参与度对新兴经济体银行海外子行效率水平的影响上起正向调节作用。**

制度距离的存在还可能加剧其他外资银行对新兴经济体银行的竞争效应。一般而言，组织惯例从母行向海外子行进行跨国界转移的困难较大（Kostova & Roth，2002）。制度距离的存在使得海外子行难以从母行层面获取组织惯例以应对竞争，进而使得其他外资银行对其负向竞争效应更为突出。组织惯例是指组织内部执行组织功能的方式随着时间推移对组织的历史、成员和行为惯例等产生深远的影响，进而演变成组织内部带有制度性的行为惯例（Kostova，1999）。组织惯例往往反映了组织的核心竞争力和技能，所以组织惯例在企业内部各部门之间的转移不仅能提高企业整体的效率和竞争实力，而且能营造更具一致性、更有凝聚力的组织氛围（Kostova & Zaheer，1999）。制度距离的存在，使得跨国企业难以实现从母公司向子公司的组织惯例转移。此外，由于组织惯例作为企业的创造性资产，往往具有环境嵌入性，因此在母国市场的制度环境中积累和发展的组织惯例往往难以与东道国市场的制度环境相匹配（Almeida & Kogut，1999）。这就使得当新兴经济体银行进入发展中国家市场时，由于制度距离的存在，海外子行难以从母行获取相应的组织惯例以应对竞争，进而使得其他外资银行对其负向竞争效应更为突出。因此，本部分提出如下假设。

H_8b：当新兴经济体银行到发展中国家市场进行 FDI 时，制度距离在发达国家外资银行市场参与度对新兴经济体银行海外子行效率水平的影响上起负向调节作用。

H_8c：当新兴经济体银行到发展中国家市场进行 FDI 时，制度距离在其他新兴经济体外资银行市场参与度对新兴经济体银行海外子行效率水平的影响上起负向调节作用。

本章的研究模型如图 5.1 所示。

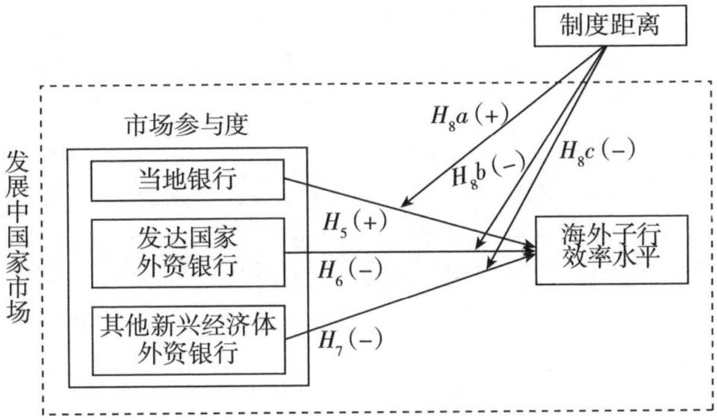

图 5.1 新兴经济体银行在发展中国家市场的逆向知识溢出研究模型

5.2 实证模型与数据来源

5.2.1 数据来源与变量测量

(1) 数据来源

本章中关于在发展中国家市场经营的新兴经济体银行海外子行的数据来源于 Bureau van Dijk Bankscope 数据库，国家层面的相关数据来源于世界银行的世界发展指标数据库、美国传统基金会数据库等。与第 4 章一致，本部分中发达国家和新兴经济体的定义来自 IMF 发布的《世界经济展望》(见表 3.2)。关于发展中国家的定义和范围，考虑到新兴经济体往往指经济繁荣发展但是未达到发达国家标准的发展中国家，因此新兴经济体并不包括所有发展中国家，本部分将所有未被 IMF 发布的《世界经济展望》中的发达国家名单包括的国家或地区都列为发展中国家。本部分从 Bureau van Dijk Bankscope 数据库中共获得在 39 个发展中国家或地区经营的商业银行的相关数据（见表 5.1）。在处理了样本中的非正常值和缺失值后，本部分的最终样本为 118 家新兴经济体银行的海外子行。样本中的银行均为商业银行。本样本共有 1092 个观测值，时间跨度为 2000—2014 年，为非平衡面板数据。

表 5.1　样本中的发展中国家名单

地区	发展中国家名单
亚洲	阿拉伯联合酋长国、亚美尼亚、阿塞拜疆、不丹、白俄罗斯、中国、格鲁吉亚、印度尼西亚、印度、柬埔寨、哈萨克斯坦、老挝、斯里兰卡、马来西亚、尼泊尔、菲律宾、俄罗斯、泰国、乌兹别克斯坦、越南
中东欧	波黑、克罗地亚、捷克、匈牙利、立陶宛、拉脱维亚、黑山、马其顿、罗马尼亚、塞尔维亚、乌克兰
南美洲	阿根廷、巴西、智利、哥伦比亚、秘鲁、土耳其、委内瑞拉
非洲	南非

资料来源：由笔者整理所得。

（2）实证模型

根据本部分研究假设和理论模型，数据分析的模型如下：

$$EFF_{it} = \alpha_0 + \alpha_1 SIZE_{it} + \alpha_2 EQUITY_{it} + \alpha_3 LOAN_{it} + \alpha_4 PROFIT_{it} + \alpha_5 GDP\_home_{it} + \alpha_6 GDP\_host_{it} + \alpha_7 DISTANCE_{it} + \alpha_8 LOCALBANK_{it} + \alpha_9 DMBANK_{it} + \alpha_{10} EMBANK_{it} + \alpha_{11} LOCALBANK_{it} \times DISTANCE_{it} + \alpha_{12} DMBANK_{it} \times DISTANCE_{it} + \alpha_{13} EMBANK_{it} \times DISTANCE_{it} + \mu_t + \delta_i + \varepsilon_{it} \tag{5.1}$$

其中，i 和 t 分别表示样本银行及年份，EFF_{it} 为样本银行 i 在 t 年的经营效率水平。为了测量知识溢出效应，以往研究都采用企业生产率水平作为因变量（Aitken & Harrison，1999；Tian，2007；Zhang et al.，2010）。企业生产率水平一般被定义为企业将投入转换为产出的效率，以往关于银行业生产率的研究一般采用银行效率的概念（Berger & Mester，1997；Lozano－Vivas & Pasiouras，2010；Gaganis & Pasiouras，2013）。$LOCALBANK_{it}$、DM-

$BANK_{it}$和$EMBANK_{it}$分别为样本银行i在t年时当地银行的市场参与度、发达国家外资银行的市场参与度以及除样本银行外的其他新兴经济体外资银行的市场参与度，市场参与度通过银行数量占市场上所有银行数量的比重来测量，分别用来检验来自当地银行的逆向知识溢出、来自发达国家和新兴经济体外资银行的竞争效应，即H_5、H_6和H_7。$DISTANCE_{it}$为样本银行i在t年时母国与东道国之间的制度距离，交互项$LOCALBANK_{it} \times DISTANCE_{it}$、$DMBANK_{it} \times DISTANCE_{it}$和$EMBANK_{it} \times DISTANCE_{it}$分别用来检验$H_8a$、$H_8b$和$H_8c$。$SIZE_{it}$、$EQUITY_{it}$、$LOAN_{it}$和$PROFIT_{it}$等分别为样本银行$i$在$t$年时的规模、权益资产率、风险资产率和资产利润率，是银行层面的控制变量。GDP_home_{it}和GDP_host_{it}分别为样本银行i在t年时母国GDP水平与东道国GDP水平，是国家层面的控制变量。

（3）变量测量

在对银行效率水平、银行市场参与度和制度距离的测量上，本章沿用第4章的测量方法和指标。银行层面和国家层面控制变量的测量也与第4章一致。

5.2.2 实证结果分析

本章研究模型中变量相关系数矩阵如表5.2所示，由于不同银行的市场参与度都用银行数量占市场所有银行数量的百分比测量，且均为国家层面的控制变量，部分相关系数较高。为了避免变量在模型中代表的含义有所偏差，并减小多重共线性可能对估计结果带来的影响，本章采用分步回归的方式对银行的市场参与度逐一进行分析。

通过STATA软件中针对面板数据的xtreg命令，本章对实证模型进行回归分析。国家层面上东道国的经济发展水平、是否有全球金融中心，以及东道国与母国之间的政治关系等都直接影响着新兴经济体银行在进行海外投资时的区位选择，也影响着新兴经济体银行在海外市场的生存和效率水平。为了控制住潜在的样本选择偏差和内生性问题，本章同时采用了两种方法。①对所有解释变量进行了滞后一期的处理。在实证研究中，自变量与因变量之间的逆向因果关系是可能导致内生性问题的源头之一，即自变量与因变量互为因果关系，使得自变量与模型中的残差项相关。为了解决逆向因果关系导致的内生性问题，以往研究多采用将自变量滞后一期的方法（Jean et al.，2016）。此外，由于知识溢出具有时滞性，本章对自变量进行滞后一期的处理也是为了对知识溢出进行更为准确的分析。②利用固定效应模型而非随机效应模型。固定效应模型剔除了残差项中不随时间变化的部分，可以在一定程度上缓解内生性问题（Wooldridge，2010），回归分析中的 Hausman 检验结果也证实了选择固定效应模型的合理性。除此之外，考虑到各年份发生的特殊事件，如 2008 年的国际金融危机对数据分析结果可能带来的影响，本章的实证分析中加入了年份虚拟变量以控制不同年份所发生的对被解释变量可能会有影响的因素，并加入了国家虚拟变量以控制不同国家经济发展、政治环境以及文化习俗等对被解释变量的影响。由于自变量市场参与度都用银行数量占市场所有银行数量的百分比测量，为了避免变量在模型中代表的含义有所偏差，本章采用分步回归的方法对不同自变量分别进行回归分析。本部分的实证分析结果见表 5.3、表 5.4。

从表 5.3 中的结果 1 可以看出，在银行层面的控制变量中，风险资产率与新兴经济体银行海外子行效率水平呈显著正相关关系，而权益资产率和资产利润率与新兴经济体银行海外子行效率水平没有显著的相关关系。在国家层面的控制变量中，除母国 GDP 水平以外，东道国 GDP 水平和制度距离都与新兴经济体银行海外子行效率水平没有显著的相关关系。

表 5.2 新兴经济体银行在发展中国家市场的逆向知识溢出实证分析相关系数矩阵

变量	1	2	3	4	5	6	7	8	9	10	11
EFF	1.000										
SIZE	0.269	1.000									
EQUITY	0.028	−0.437	1.000								
LOAN	0.122	0.421	−0.273	1.000							
PROFIT	0.045	−0.021	0.297	−0.157	1.000						
GDP_host	0.091	0.120	−0.004	−0.118	0.105	1.000					
GDP_home	0.002	0.034	0.059	−0.271	0.089	0.304	1.000				
LOCALBANK	0.162	0.035	0.034	−0.113	0.096	0.514	0.220	1.000			
DMBANK	−0.015	−0.032	−0.042	0.139	−0.133	−0.354	−0.192	−0.836	1.000		
EMBANK	−0.156	−0.004	0.039	−0.005	0.076	−0.229	−0.031	−0.266	−0.185	1.000	
DISTANCE	0.146	0.116	−0.009	0.017	−0.013	−0.165	0.006	−0.103	0.096	−0.138	1.000

表 5.3　新兴经济体银行在发展中国家市场的逆向知识溢出实证分析

变量	1	2	3	4
常数项	0.649 *** (0.056)	0.638 *** (0.059)	0.694 *** (0.044)	0.661 *** (0.056)
SIZE	0.004 (0.004)	0.004 (0.003)	0.004 (0.004)	0.004 (0.004)
EQUITY	-0.014 (0.026)	-0.012 (0.026)	-0.015 (0.026)	-0.013 (0.026)
LOAN	0.072 *** (0.017)	0.065 *** (0.018)	0.066 *** (0.018)	0.069 *** (0.017)
PROFIT	0.044 (0.057)	0.062 (0.058)	0.064 (0.059)	0.049 (0.057)
GDP_ host	0.002 (0.001)	0.000 (0.001)	0.000 (0.001)	0.000 (0.001)
GDP_ home	-0.014 *** (0.004)	-0.001 (0.003)	0.013 *** (0.004)	0.013 *** (0.004)
DISTANCE	-0.001 (0.001)	-0.001 (0.001)	-0.001 (0.001)	-0.001 (0.001)
LOCALBANK (H_5)		0.057 + (0.037)		
DMBANK (H_6)			-0.033 (0.047)	
EMBANK (H_7)				-0.132 * (0.074)
年份虚拟变量	已包括	已包括	已包括	已包括
国家虚拟变量	已包括	已包括	已包括	已包括
观测值数量	694	682	681	694

注：括号内为标准误，“+”表示 p 值小于 0.20，“*”表示 p 值小于 0.10，“**”表示 p 值小于 0.05，“***”表示 p 值小于 0.01。

（1）逆向知识溢出效应实证分析

作为国际市场上的新进入者，新兴经济体银行国际化时往往面临着全球扩张和能力提升的双重压力，不仅会到发达国家市场进行 FDI 活动，也会到发展中国家市场进行 FDI 活动。当新兴经济体银行到发展中国家市场进行 FDI 时，海外子行与当地银行在技术、管理经验、人力资本和业务能力等方面的竞争实力差距较小，难以触发有效的知识溢出，所以技术和知识方面的逆向知识溢出效应发生的可能性较小。但是，发展中国家市场的制度环境有着相对不成熟和不完善等特点，使得新兴经济体银行面临的“外来者”劣势更加严峻。为了更好地适应并融入当地环境，新兴经济体银行往往需要对当地银行进行模仿学习或者建立联系等以达到制度学习的目的。所以，从制度型知识的角度来看，当地银行对新兴经济体银行也存在一定的逆向知识溢出，因此本部分提出 H_5。此外，发达国家外资银行和其他新兴经济体外资银行对新兴经济体银行可能存在较强的竞争与排挤效应，因此本部分提出 H_6 和 H_7。

为了对 H_5 进行检验，本部分在表 5.3 的结果 2 中加入当地银行市场参与度，在通过固定效应模型控制银行间和国家间的差异，加入年份虚拟变量和国家虚拟变量控制时间与国家层面可能的影响因素，并对自变量进行滞后一期的处理后，我们可以看出发达国家当地银行市场参与度与新兴经济体银行海外子行效率水平呈显著正相关关系（系数为 0.057，$p<0.20$），说明发展中国家当地银行对新兴经济体银行存在逆向知识溢出，H_5 得到支持。在结果 3 中，本部分加入了发达国家外资银行市场参与度，可以看出发达国家外资银行市场参与度与新兴经济体银行海外子行效率水平没有显著的相关关系（系数为 -0.033），说明发达国家外资银行对新兴经济体银行存在的竞争效应不显著，H_6 没有得到支持。在结果 4 中，本章加入了其他新兴经济体外资银行的市场参与度，可以看出其他新兴经济体外资银行市场参与度与新兴经济体银行海外子行效率水平呈显著负相关关系（系数为 -0.132，$p<0.10$），说明其他新兴经济体外资银行对新兴经济体银行存在显著的负向竞争效应，H_7 得到支持。对以上三个假设的检验结果说明，从制度型知识的角度来看，当新兴经济体银行进入发展中国家市场进行 FDI 时，当地银行对其存在逆向知识溢出；但是外资银行为了更好地本土化和拓展当地客户资源，银行间往往存在较强的竞争效应。

(2) 制度距离调节作用的实证分析

考虑到制度环境对知识溢出和竞争效应的影响，本部分提出一系列关于制度距离调节作用的假设。其中，制度距离在当地银行对新兴经济体银行的逆向知识溢出效应上有负向调节作用，即 H_{8a}；在其他两类外资银行对新兴经济体银行的竞争效应上有负向调节作用，对竞争效应有一定的强化作用，即 H_{8b}、H_{8c}。

在分析制度环境对知识溢出和竞争效应的调节作用时，本部分分别加入制度距离与不同银行的市场参与度的交互项。为了消除潜在的多重共线性影响，在生成交互项的新变量时，本部分对构建交互项的两个变量都做了去中心化的处理。如表 5.4 所示，制度距离对新兴经济体银行间的负向竞争效应有着显著的负向调节作用（系数为 -0.009，$p<0.20$），但在当地银行对新兴经济体银行的逆向知识溢出效应上和发达国家外资银行对新兴经济体银行的竞争效应上没有显著的调节作用（系数为 -0.003 和 0.003），即 H_{8c}得到支持，而 H_{8a}和 H_{8b}没有得到支持。以上三个假设的检验结果说明，制度距离的存在使新兴经济体外资银行间的竞争和排挤效应得以强化，但是在逆向知识溢出效应上没有显著的调节作用，也没有强化发达国家外资银行对新兴经济体银行的竞争和排挤效应。

表 5.4 发展中国家市场的制度距离调节作用实证分析

变量	1	2	3	4
常数项	0.649*** (0.056)	0.638*** (0.059)	0.668*** (0.061)	0.655*** (0.038)
SIZE	0.004 (0.004)	0.004 (0.003)	0.004 (0.004)	0.006** (0.003)
EQUITY	-0.014 (0.026)	-0.012 (0.026)	-0.013 (0.026)	-0.001 (0.020)
LOAN	0.072*** (0.017)	0.065*** (0.018)	0.068*** (0.018)	0.065*** (0.013)
PROFIT	0.044 (0.057)	0.062 (0.058)	0.062 (0.059)	0.047 (0.043)

续表

变量	1	2	3	4
GDP_ host	0.002 (0.001)	0.000 (0.001)	0.002 (0.010)	0.029 (0.036)
GDP_ home	-0.014*** (0.004)	-0.013*** (0.003)	-0.014*** (0.004)	0.004 (0.003)
DISTANCE	-0.001 (0.001)	-0.001 (0.001)	-0.001 (0.000)	-0.001*** (0.001)
LOCALBANK		0.051+ (0.037)		
DMBANK			-0.028 (0.047)	
EMBANK				-0.127* (0.074)
LOCALBANK × *DISTANCE* (H_{8a})		-0.003 (0.003)		
EMBANK × *DISTANCE* (H_{8b})			0.003 (0.003)	
DMBANK × *DISTANCE* (H_{8c})				-0.009+ (0.007)
年份虚拟变量	已包括	已包括	已包括	已包括
国家虚拟变量	已包括	已包括	已包括	已包括
观测值数量	694	682	681	694

注：括号内为标准误，“+”表示p值小于0.20，“*”表示p值小于0.10，“**”表示p值小于0.05，“***”表示p值小于0.01。

（3）稳健性检验

为了检验表5.3、表5.4中结果的稳健性，本部分对自变量都进行了滞后二期的处理。滞后的时间越长，不仅能使得知识溢出、竞争效应以及制度环境的影响更为明显，也能保证假设检验结果的稳定性。稳健性检验结果见表5.5、表5.6，可以看出各假设检验的变量系数结果与表5.3、表5.4基本一致，除了结果4中其他新兴经济体外资银行对样本银行的负向竞争效应没有得到支持。因此，除了H_6、H_{8a}和H_{8b}，本部分的其他假设基本得到了支持。

此外，本数据样本中涉及的东道国中含有一定数量的伊斯兰国家（阿拉伯联合酋长国、阿塞拜疆等）。伊斯兰国家的银行业有一定的特殊性（Ali et al.，2012）。尽管世界上大部分国家的银行都采用对外贷款付息的方式获取利润，但是伊斯兰国家的银行并不采用贷款付息制，而是通过贷款项目获利后的分红或其他提成方式盈利。根据《古兰经》教义，利息属于不合法的收入，必须禁止。伊斯兰国家为了获取在国际社会上的经济独立和金融自主权，发起了“伊斯兰银行运动”，依据《古兰经》教义在各国国内建立起相应的金融信贷机构。考虑到伊斯兰国家银行业的特殊性，在伊斯兰国家进行 FDI 的新兴经济体银行面临着与其他国家差异较大的制度环境，可能对逆向知识溢出和效率提升有一定的影响。为了分析伊斯兰国家，本部分将样本中的所有新兴经济体银行海外子行按照东道国是否为伊斯兰国家分为两组，分别进行回归分析，观察实证结果是否会有差异。

根据伊斯兰国家的定义，伊斯兰国家一般是指以伊斯兰教为国教或大多数居民都信奉伊斯兰教的国家和地区，包括所有阿拉伯国家、非洲和亚洲部分国家在内的 47 个国家和 2 个地区（西撒哈拉和科索沃）。本章样本中涉及的 39 个东道国中共有 8 个伊斯兰国家，即阿拉伯联合酋长国、阿塞拜疆、印度尼西亚、哈萨克斯坦、马来西亚、乌兹别克斯坦以及波斯尼亚和黑塞哥维那。分组后，数据样本中共有 23 个新兴经济体银行海外子行所在的东道国为伊斯兰国家，共有 216 个观测值；剩余 95 个新兴经济体银行海外子行所在的东道国为非伊斯兰国家，共有 876 个观测值。经过分组进行回归分析后，实证结果与本部分表 5.3、表 5.4 中的结果基本一致，因此本书的结果不受东道国是否为伊斯兰国家的影响和限制，再次确定了本章研究结果的稳健性。

表 5.5 新兴经济体银行在发展中国家市场的逆向知识溢出稳健性检验

变量	1	2	3	4
常数项	0.665*** (0.040)	0.662*** (0.044)	0.722*** (0.046)	0.668*** (0.040)

续表

变量	1	2	3	4
SIZE	0.004 + (0.003)	0.004 + (0.003)	0.003 (0.003)	0.004 + (0.003)
EQUITY	−0.030 + (0.022)	−0.032 + (0.022)	−0.035 + (0.022)	−0.032 + (0.022)
LOAN	0.030 ** (0.014)	0.027 * (0.014)	0.028 ** (0.014)	0.028 ** (0.014)
PROFIT	0.058 (0.045)	0.077 * (0.046)	0.078 * (0.046)	0.062 + (0.045)
GDP_ host	0.045 (0.040)	0.075 * (0.041)	0.054 + (0.040)	0.050 (0.040)
GDP_ home	0.003 (0.004)	0.003 (0.004)	0.003 (0.004)	0.003 (0.004)
DISTANCE	−0.001 (0.000)	−0.001 (0.001)	−0.001 (0.001)	−0.001 (0.001)
LOCALBANK (H_5)		0.035 + (0.026)		
DMBANK (H_6)			−0.013 (0.049)	
EMBANK (H_7)				−0.076 * (0.024)
年份虚拟变量	已包括	已包括	已包括	已包括
国家虚拟变量	已包括	已包括	已包括	已包括
观测值数量	602	591	590	601

注：括号内为标准误，“+”表示 p 值小于 0.20，“*”表示 p 值小于 0.10，“**”表示 p 值小于 0.05，“***”表示 p 值小于 0.01。

表 5.6 发展中国家市场的制度距离调节作用稳健性检验

变量	1	2	3	4
常数项	0.665 *** (0.040)	0.652 *** (0.046)	0.715 *** (0.047)	0.671 *** (0.040)

续表

变量	1	2	3	4
SIZE	0.004 $^{+}$ (0.003)	0.005 $^{+}$ (0.004)	0.003 (0.003)	0.004 $^{+}$ (0.003)
EQUITY	-0.030 $^{+}$ (0.022)	-0.030 $^{+}$ (0.022)	-0.035 $^{+}$ (0.022)	-0.033 $^{+}$ (0.022)
LOAN	0.030 ** (0.014)	0.026 * (0.015)	0.025 * (0.014)	0.026 * (0.014)
PROFIT	0.058 (0.045)	0.073 $^{+}$ (0.046)	0.077 * (0.046)	0.068 $^{+}$ (0.045)
GDP_ host	0.045 (0.040)	0.081 * (0.041)	0.060 $^{+}$ (0.040)	0.052 $^{+}$ (0.040)
GDP_ home	0.003 (0.004)	0.003 (0.004)	0.003 (0.004)	0.003 (0.004)
DISTANCE	-0.002 (0.000)	-0.002 (0.001)	-0.002 (0.001)	-0.001 (0.001)
LOCALBANK (H_5)		0.045 $^{+}$ (0.029)		
DMBANK (H_6)			-0.040 (0.032)	
EMBANK (H_7)				0.068 (0.090)
LOCALBANK × *DISTANCE* (H_{8a})		-0.002 (0.002)		
EMBANK × *DISTANCE* (H_{8b})			0.002 (0.002)	
DMBANK × *DISTANCE* (H_{8c})				-0.012 * (0.007)
年份虚拟变量	已包括	已包括	已包括	已包括
国家虚拟变量	已包括	已包括	已包括	已包括
观测值数量	602	591	590	601

注：括号内为标准误，“+”表示p值小于0.20，“*”表示p值小于0.10，“**”表示p值小于0.05，“***”表示p值小于0.01。

5.3 本章小结

本章基于新兴经济体银行国际化的特点和知识溢出效应的发生机制，对新兴经济体银行到发展中国家市场的 FDI 逆向知识溢出效应进行了机理分析，并从不同的知识来源和制度环境的影响方面，提出了相应的假设，假设检验结果如表 5.7 所示。

表 5.7 新兴经济体银行在发展中国家市场的逆向知识溢出实证结果一览

研究假设		回归系数符号假设	假设检验
H_5	当新兴经济体银行到发展中国家市场进行 FDI 时，当地银行的市场参与度与新兴经济体银行海外子行效率水平正相关	+	支持
H_6	当新兴经济体银行到发展中国家市场进行 FDI 时，发达国家外资银行市场参与度与新兴经济体银行海外子行效率水平负相关	-	不支持
H_7	当新兴经济体银行到发展中国家市场进行 FDI 时，其他新兴经济体外资银行市场参与度与新兴经济体银行海外子行效率水平负相关	-	支持
H_{8a}	当新兴经济体银行到发展中国家市场进行 FDI 时，制度距离在当地银行市场参与度对新兴经济体银行海外子行效率水平的影响上起正向调节作用	+	不支持
H_{8b}	当新兴经济体银行到发展中国家市场进行 FDI 时，制度距离在发达国家外资银行市场参与度对新兴经济体银行海外子行效率水平的影响上起负向调节作用	-	不支持
H_{8c}	当新兴经济体银行到发展中国家市场进行 FDI 时，制度距离在新兴经济体外资银行市场参与度对新兴经济体银行海外子行效率水平的影响上起负向调节作用	-	支持

本章通过分析新兴经济体银行在发展中国家市场进行 FDI 时受到的逆向知识溢出现象，对逆向知识溢出研究进行了进一步的扩展。首先，从东道国市场的角度，本章聚焦于发展中国家市场，考虑其制度环境的特殊性，对第 4 章的结果做了进一步的拓展和补充；其次，以发展中国家市场

的新兴经济体银行海外子行作为研究对象，突出了制度环境对银行国际化实践的影响；最后，本章研究结果发现，虽然发展中国家的当地银行从技术和知识的积累与储备上看难以成为知识溢出的来源，但是由于发展中国家市场的制度环境相对落后和不完善，外资银行往往更倾向于通过模仿学习当地银行、雇用当地员工等方式获取制度环境相关的知识和信息，以达到制度学习的目的。因此，当地银行对于新兴经济体银行存在一定的制度型知识溢出效应。这为新兴经济体银行，包括中资银行，在国际化中如何更好地进行本土化提供了依据。

6 海外子行对新兴经济体母行的反哺效应

6.1 理论假设

第 4 章和第 5 章对新兴经济体银行国际化中的逆向知识溢出进行了分析研究。通过将东道国市场分为发达国家市场和发展中国家市场，本章强调当新兴经济体银行进入发达国家市场时，所获取的知识溢出主要是在技术、知识和管理经验等方面，即技术型知识；而当进入发展中国家市场时，考虑到发展中国家市场制度环境相对落后和不完善的特殊性，所获取的知识溢出主要是在制度学习和获取制度合法性方面，即制度型知识。然而，新兴经济体商业银行 FDI 活动中的逆向知识溢出有两个必不可少的步骤：一是海外子行在海外市场通过其他银行对其的知识外溢，获取知识溢出；二是海外子行将所获取的知识转移到在母国市场的母行，进而为母行的效率提高提供支持。因此，本部分将研究内容聚焦于逆向知识溢出的第二个步骤，以探讨海外子行对母行的反哺效应。

海外子行在不同海外市场所获取的知识溢出性质可能有所不同，即在发达国家的海外子行所获取的知识溢出往往是技术型知识，而在新兴经济体的海外子行所获取的知识溢出往往是制度型知识。因此，在海外子行对新兴经济体母行的反哺效应上，在发达国家市场的海外子行的反哺效应较为显著，而在发展中国家市场的海外子行对母行可能难以发生有效的反哺效应。此外，基于第 4、第 5 章对制度距离因素的考虑，本章认为母国与东道国之间的制度距离对于海外子行的反哺效应有一定的负向调节作用。

6.1.1 反哺效应机理分析

随着海外子公司在知识储备和创新活动方面的提升，海外子公司越来越成为跨国企业获取竞争优势和提升效率水平的重要来源（Rugman & Verbeke，2001；Iwasa & Odagiri，2004；Yamin & Otto，2004）。海外子公司对母公司的反向知识转移成为跨国企业创新活动的重要来源，即“反哺效应”（Håkanson & Nobel，2001）。海外子公司对跨国企业母公司的反哺效应可以通过以下几种机制发生。第一，海外子公司通过参与母公司创新活动实现反哺效应。随着越来越多的跨国企业将研发活动转移到海外市场，海外子公司在跨国企业技术创新和提高效率中的作用越来越大（Cantwell，1995）。跨国企业的创新和知识积累不再仅仅是母公司的责任，也成为海外子公司经营发展的目标之一。在跨国企业建立的全球创新体系中，新技术和知识不可避免地从海外子公司回流到母公司（Ghoshal & Bartlett，1990）。第二，反哺效应可以通过子公司与母公司之间的人员流动发生。知识资源如果将人力资本作为载体进行转移和传播，就会与人力资本相结合，使得人员的流动往往伴随着知识的流动。当内嵌知识的人力资本从海外子公司向母公司发生流动时，往往会形成关于技术、知识和管理经验等的反哺效应，进而会给母公司的效率水平带来进一步的提升（Edwards & Ferner，2004；Corredoira & Rosenkopf，2005）。第三，人力资本从海外子公司向母公司的流动既可以通过升职、跳槽等方式发生，也可以通过外派人员回国的方式发生。母公司出于传授管理经验和技术资源的目的向海外子公司外派人员，而外派人员返回母公司时也为子公司向母公司的知识转移和应用提供了新的途径（Kamoche，1997；Tsang，1999）。

考察海外子行对母行的逆向知识溢出，即反哺效应，就要考虑溢出知识的类型。根据第 4、第 5 章的理论分析和实证结果，本章认为在发达国家市场的海外子行所获取的知识属于技术型知识，而在发展中国家市场的海外子行所获取的知识属于制度型知识。从在发达国家市场的海外子行来看，所获取的主要知识溢出来源于发达国家当地银行，主要包括当地银行在业务创新、管理技能、网络服务技术等方面的技术型知识，这些知识向母行发生转移时不仅有利于技术和管理创新的协同效应，也有利于母行充分利用技术型知识提升自身效率水平（Ghoshal & Bartlett，1990）。而从发展中国家市场的海外子行来看，其所获取的主要知识溢出来源于发展中国家市场的当地银行，主要包括为了获取制度合法性而了解与学习当地制度环境相关的知识和信息，其中与技术、创新和管理技能等相关的知识较少，往往含有当地市场所特有的一些特点（吴昌南、曾小龙，2013），知识的环境嵌入性也较强，难以发生跨国界的转移（Almeida & Kogut，1999）。这些内嵌在当地制度环境中的知识和信息不仅难以向母行发生转移，而且对于母行效率的提高没有显著的促进作用。因此，本部分提出如下假设。

H_{9a}：在发达国家市场的海外子行效率水平与新兴经济体母行效率水平正相关。

H_{9b}：在发展中国家市场的海外子行效率水平与新兴经济体母行效率水平无显著的相关关系。

6.1.2 制度距离调节作用的机理分析

基于第4、第5章关于制度距离影响逆向知识溢出的理论分析，本章认为在海外子行对母行的反哺效应上，制度距离也起到一定的负向调节作用。企业的经营活动往往嵌入在所处的制度环境中，并受到制度的影响，需要遵循与制度一致的政策和规则（Meyer & Rowan，1977；Zucker，1983），因此海外子行不仅受到母国制度环境的约束，还受到东道国制度环境的影响。由于母国与东道国制度距离的存在，海外子行向母行进行知识转移的成本和难度也会增加（Kostova & Roth，2002），即制度距离影响海外子行向母行的反哺效应。知识往往是嵌入在制度环境中的，海外子行在海外市场所获取的知识溢出也有一定的环境嵌入性，这就使知识的跨国界转移变得更为艰难（Almeida & Kogut，1999）。一般而言，国家间制度环境的相似性往往有利于知识的跨国界转移（Mishikin & Clover，2014），所以母国与东道国之间的制度距离给海外子行向母行转移知识带来了更大的困难。对于新兴经济体跨国银行而言，母国市场多处于经济结构转型的过渡阶段（Hoskisson et al. , 2000；Wright et al. , 2005），因此政府往往掌握着重要资源的分配权，为银行提供关键资源并帮助其运营（Park et al.，2006）。政府对银行经营活动的介入往往也限制了银行的创新能力，使得海外子行在发达国家市场上所获取的技术和知识资源可能难以很好地在母国市场上应用（Dopico & Wilcox，2002）。因此，母国与东道国的制度距离在海外子行对母行的反哺效应上存在一定的负向影响。因此，本部分提出如下假设。

H_{10a}：在发达国家市场的海外子行效率对新兴经济体母行效率的影响上，制度距离起负向调节作用。

H_{10b}：在发展中国家市场的海外子行效率对新兴经济体母行效率的影响上，制度距离起负向调节作用。

本部分的研究模型如图6.1所示。

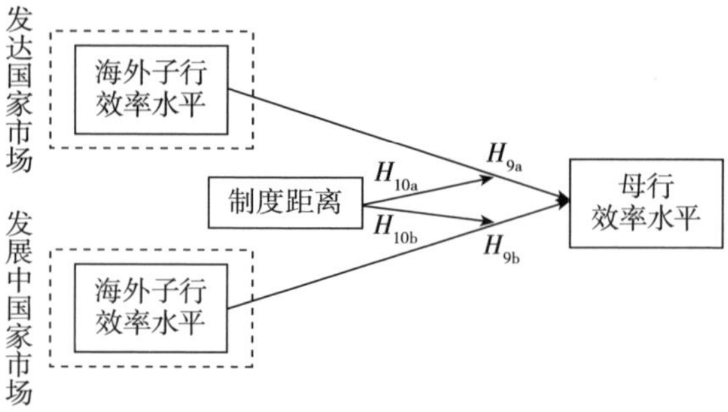

图6-1　海外子行对新兴经济体母行的反哺效应研究模型

6.2　实证模型与数据来源

6.2.1　数据来源与变量测量

（1）数据来源

本章中的海外子行和母行层面数据都来源于 Bureau van Dijk Bankscope 数据库，国家层面的相关数据来源于世界银行的世界发展指标数据库、美国传统基金数据库等。本章中在发达国家的海外子行数据与第4章一致，共有93家海外子行；在新兴经济体的海外子行数据与第5章一致，共有118家海外子行。根据这211家海外子行的全球最终所有者信息，剔除掉全球最终所有者为个人或者制造业企业的海外子行后，本章收集了与各海外子行相对应的母行数据。在处理了样本中的非正常值和缺失值后，本部分最终样本共有 153 家海外子行，对应的母行共有 59 家。最终样本数据中有 73 家在发达国家市场的海外子行，有 80 家在发展中国家市场的海外子行。样本中的银行均为商业银行，共有 607 个观测值，时间跨度为2010—2015 年，为非平衡面板数据。

（2）实证模型

根据本部分研究假设和理论模型，数据分析的模型如下：

$$EFF\_HQ_{it} = \alpha_0 + \alpha_1 SIZE\_HQ_{it} + \alpha_2 EQUITY\_HQ_{it} + \alpha_3 LOAN\_HQ_{it} + \alpha_4 PROFIT\_HQ_{it} + \alpha_5 GDP\_home_{it} + \alpha_6 GDP\_host_{it} + \alpha_7 DISTANCE_{it} + \alpha_8 EFF\_SUB_{it} + \alpha_9 DMBANK_{it} \times EFF\_SUB_{it} + \mu_t + \delta_i + \varepsilon_{it} \quad (6.1)$$

其中，i 和 t 分别表示样本银行及年份。EFF_HQ_{it}为海外子行 i 所对应的母行在 t 年时的经营效率水平。EFF_SUB_{it}为海外子行 i 在 t 年时的经营效率水平，用来检验海外子行效率对母行效率的影响，即 H_{9a}和 H_{9b}。$DISTANCE_{it}$为样本银行 i 在 t 年时母国与东道国间的制度距离，交互项 $EFF\_SUB_{it} \times DISTANCE_{it}$ 用来检制度距离的调节作用，即 H_{10a}和 H_{10b}。$SIZE_{it}$、$EQUITY_{it}$、$LOAN_{it}$和 $PROFIT_{it}$等分别为样本银行 i 在 t 年时的规模、权益资产率、风险资产率和资产利润率，是银行层面的控制变量。GDP_home_{it}、GDP_host_{it}分别为样本银行 i 在 t 年时母国 GDP 水平和东道国 GDP 水平，是国家层面的控制变量。

（3）变量测量

在对银行效率水平和制度距离的测量上，本章沿用第 4 章的测量方法和指标。银行层面和国家层面的控制变量的测量也与第 4 章一致。

6.2.2　实证结果分析

通过 Frontier 4.1 软件对新兴经济体母行效率水平进行估算，本章得到新兴经济体母行在每年的效率水平值，取值为 0 ~ 1。本章研究模型中所涉及变量的相关系数矩阵见表 6.1。可以看出，各变量之间的相关系数较小，均小于 0.4。一般而言，当 VIF 值大于 10 时自变量之间可能存在较严重的多重共线性问题。在本章的 *VIF* 检验中，9 个变量的 *VIF* 取值为 1.09 ~ 2.36，平均值为 1.72，远低于 10 的水平。因此，本章研究模型中的多重共线性问题存在的可能性较小。

表 6-1　海外子行对新兴经济体母行的反哺效应实证分析相关系数矩阵

变量	1	2	3	4	5	6	7	8	9
EFF_ HQ	1.000								
SIZE_ HQ	-0.071	1.000							
EQUITY_ HQ	-0.228	-0.356	1.000						
LOAN_ HQ	-0.337	-0.237	0.208	1.000					
PROFIT_ HQ	-0.174	0.101	0.092	-0.171	1.000				
GDP_ host	0.020	0.035	-0.169	-0.139	0.060	1.000			
GDP_ home	0.140	0.280	-0.255	0.329	0.052	0.234	1.000		
EFF_ SUB	0.268	0.099	-0.088	-0.075	-0.018	-0.030	0.174	1.000	
DISTANCE	0.044	0.227	-0.165	-0.293	0.157	0.130	0.108	0.068	1.000

通过 STATA 软件中针对面板数据的 xtreg 命令，本章对实证模型进行回归分析。国家层面上的经济发展水平、是否有全球金融中心等因素都直接影响着新兴经济体银行在进行海外投资时的区位选择，也影响着新兴经济体银行的生存和效率水平。为了控制住潜在的样本选择偏差和内生性问题，本章同时采用了两种方法。①对所有解释变量进行了滞后一期的处理。在实证研究中，自变量与因变量之间的逆向因果关系是可能导致内生性问题的源头之一，即自变量与因变量互为因果关系，使得自变量与模型中的残差项相关。为了解决逆向因果关系导致的内生性问题，以往研究多采用将自变量滞后一期的方法（Jean et al.，2016）。此外，与知识溢出类似，反哺效应同样具有时滞性，所以本部分对自变量进行滞后一期的处理也是为了对反哺效应进行更为准确的分析。②利用固定效应模型而非随机效应模型。固定效应模型剔除了残差项中不随时间变化的部分，可以在一定程度上缓解内生性问题（Wooldridge，2010），回归分析中的 Hausman 检验结果也证实了选择固定效应模型的合理性。除此之外，考虑到各年份发生的特殊事件，如 2008 年的国际金融危机对数据分析结果可能带来的影

响，本章的实证分析中加入年份虚拟变量以控制不同年份所发生的对被解释变量可能会有影响的因素，并加入了国家虚拟变量以控制不同国家经济发展、政治环境以及文化习俗等对被解释变量的影响。本章的实证分析结果见表 6.2。

表 6.2 海外子行对新兴经济体母行反哺效应的实证分析

变量	1	2	3	4	5	6	7
	零模型	全样本	DM sub	EM sub	全样本	DM sub	EM sub
常数项	0.826 *** (0.101)	1.044 *** (0.126)	1.425 *** (0.162)	1.354 *** (0.240)	0.939 *** (0.147)	1.249 *** (0.181)	1.298 *** (0.288)
SIZE_ HQ	−0.005 (0.005)	−0.019 *** (0.006)	−0.033 *** (0.008)	−0.046 *** (0.012)	−0.019 *** (0.006)	−0.034 *** (0.008)	−0.046 *** (0.012)
EQUITY_ HQ	−0.724 *** (0.156)	−0.839 *** (0.222)	−1.267 *** (0.290)	−1.060 *** (0.358)	−0.839 *** (0.221)	−1.283 *** (0.287)	−1.058 *** (0.358)
LOAN_ HQ	0.134 *** (0.045)	0.105 * (0.063)	−0.006 (0.077)	0.227 ** (0.099)	0.103 * (0.063)	−0.018 (0.077)	0.228 ** (0.099)
PROFIT_ HQ	0.149 (0.239)	0.496 + (0.350)	−0.306 (0.456)	0.914 + (0.560)	0.495 + (0.439)	−0.316 (0.452)	0.901 + (0.562)
GDP_ host	−0.002 (0.003)	−0.001 (0.003)	−0.001 (0.003)	0.007 (0.028)	−0.001 (0.003)	−0.001 (0.003)	0.006 (0.028)
GDP_ home	0.003 (0.003)	0.007 * (0.003)	0.013 *** (0.004)	0.025 *** (0.008)	0.007 ** (0.003)	0.013 *** (0.004)	0.025 *** (0.008)
DISTANCE	−0.000 (0.001)	−0.000 (0.001)	−0.001 (0.001)	0.003 + (0.002)	0.005 (0.004)	0.006 + (0.004)	0.008 (0.154)
EFF_ SUB (H_8)		0.083 * (0.045)	0.078 * (0.040)	0.162 (0.129)	0.221 ** (0112)	0.314 *** (0.120)	0.234 (0.244)
EFF_ SUB × *DISTANCE* (H_9)					−0.006 + (0.004)	−0.009 ** (0.004)	−0.007 (0.019)
年份虚拟变量	已包括	已包括	已包括	已包括	已包括	已包括	已包括
国家虚拟变量	已包括	已包括	已包括	已包括	已包括	已包括	已包括
观测值数量	600	444	220	224	444	220	224

注：括号内为标准误，“+”表示 p 值小于 0.20，“*”表示 p 值小于 0.10，“**”表示 p 值小于 0.05，“***”表示 p 值小于 0.01。

从表6.2中的结果1可以看出，在母行层面的控制变量中，银行规模和资产利润率都对海外子行效率水平没有显著影响，而风险资产率和权益资本率都与母行效率呈显著的相关关系。其中，银行规模的结果不显著可能的原因在于银行规模越大，承担的风险越大，规模经济效应可能会被抵消（Girardone et al.，2004）。在国家层面的控制变量中，东道国GDP水平、母国GDP水平与制度距离都与银行效率水平没有显著的相关关系。

（1）反哺效应实证分析

为了分析海外子行对母行的反哺效应，本章在表6.2的结果2中加入了海外子行的效率水平，在通过固定效应模型控制银行间和国家间的差异，加入年份虚拟变量和国家虚拟变量控制时间与国家层面可能的影响因素后，从总体上而言，海外子行效率水平与母行效率水平正显著相关，说明海外子行对于母行存在一定的反哺效应。为了进一步分析在不同东道国市场的海外子行的反哺效应，即对H_{9a}和H_{9b}进行检验，本部分在结果3与结果4中分别用在发达国家市场的海外子行和在发展中国家市场的海外子行为数据样本进行回归分析。从表6.2中的结果3中可以看出，当用在发达国家市场的海外子行为数据样本时，海外子行的效率水平与母行效率水平显著相关，说明在发达国家市场的海外子行对母行的反哺效应较显著，H_{9a}得到支持。从表6.2的结果4中可以看出，当用在发展中国家市场的海外子行为数据样本时，海外子行的效率水平与母行效率水平没有显著的相关关系，说明在发展中国家市场的海外子行对母行的反哺效应不显著，H_{9b}得到支持。

反哺效应的假设检验结果反映了在发达国家市场的海外子行效率水平的提升主要来源于技术型知识的溢出，因此对母行存在显著的反哺效应；而在发展中国家市场的海外子行效率水平的提升主要来源于制度型知识的溢出，其所获取的知识往往与当地制度环境相关，并受限于当地市场，因此对母行不存在明显的反哺效应。本书在第4章从理论上说明了发达国家当地银行对新兴经济体银行海外子行存在显著的技术型知识溢出，而在第5章强调虽然新兴经济体当地银行也对新兴经济体银行海外子行存在显著的知识溢出，但其溢出知识主要属于制度型知识。本章关于海外子行对母行反哺效应的分析结果也为第 4、第 5 章的理论分析提供了支持。

（2）制度距离调节作用的实证分析

在分析制度距离的调节作用上，本部分先从全样本出发，以所有海外子行为数据样本，加入制度距离与海外子行效率的交互项 $EFF\_SUB \times DISTANCE$，对 H_{10} 进行初步的检验。为了消除潜在的多重共线性的影响，在生成交互项的新变量时，本章对构建交互项的两个变量都做了去中心化的处理。从表 6.2 的结果 5 中可以看出，交互项 $EFF\_SUB \times DISTANCE$ 的系数为负数（-0.006）且显著，说明从总体上看制度距离对于海外子行的反哺效应存在一定的负向调节作用。为了进一步地分析制度距离对于在不同东道国市场的海外子行反哺效应的调节作用，本部分对 H_{10a} 和 H_{10b} 进行检验。通过在结果 6 中用在发达国家市场的海外子行做数据样本，加入制度距离与海外子行效率的交互项 $EFF\_SUB \times DISTANCE$，发现交互项的系数为负数（-0.009）且显著，说明对在发达国家市场的海外子行的反哺效应上，制度距离起到一定的负向调节作用，假设 H_{10a} 得到支持。而在结果 7 中本章用在发展中国家市场的海外子行做数据样本，加入制度距离与海外子行效率的交互项 $EFF\_SUB \times DISTANCE$，发现交互项的系数不显著，说明在海外子行对母行的反哺效应上制度距离不存在显著的调节作用，假设 H_{10b} 没有得到支持。

（3）稳健性检验

为了检验表 6.2 中结果的稳健性，本部分对自变量都进行了滞后一期的处理。滞后的时间越长，不仅能够使得反哺效应以及制度距离的影响更为明显，而且能够保证假设检验结果的稳定性。稳健性检验结果见表 6.3，可以看出各假设检验的变量系数估计结果与表 6.2 基本一致。因此，除了假设 H_{10b}，本章的其他假设基本都得到了支持。

表 6.3　海外子行对母行反哺效应的稳健性检验

变量	1	2	3	4	5	6	7
	零模型	全样本	DM sub	EM sub	全样本	DM sub	EM sub
常数项	0.902*** (0.112)	0.798*** (0.131)	1.222*** (0.187)	1.259*** (0.193)	0.748*** (0.156)	1.222*** (0.218)	0.734** (0.295)
SIZE	-0.008+ (0.005)	-0.007 (0.006)	0.027*** (0.009)	-0.031*** (0.011)	-0.007 (0.006)	-0.027*** (0.009)	-0.024* (0.013)
EQUITY	0.431** (0.214)	0.159 (0.260)	-0.279 (0.448)	-0.425+ (0.280)	0.159 (0.260)	-0.273 (0.451)	0.147 (0.339)
LOAN	-0.011 (0.055)	0.035 (0.064)	0.031 (0.089)	0.027 (0.078)	0.035 (0.056)	-0.030 (0.090)	0.107 (0.093)
PROFIT	-0.884*** (0.336)	-0.675+ (0.425)	-2.119** (1.047)	-1.024** (0.413)	-0.674+ (0.425)	-2.124** (1.050)	-0.618 (0.525)
GDP_ host	-0.002 (0.003)	-0.000 (0.003)	-0.000 (0.003)	-0.003 (0.027)	-0.000 (0.003)	-0.000 (0.003)	-0.020 (0.029)
GDP_ home	0.009** (0.004)	0.007* (0.004)	0.015*** (0.005)	0.019** (0.008)	0.007* (0.004)	0.014*** (0.005)	0.019 (0.008)
DISTANCE	-0.001 (0.001)	-0.001 (0.001)	-0.001 (0.001)	-0.001 (0.002)	0.001 (0.004)	-0.001 (0.004)	0.021 (0.014)
EFF_ SUB (H_8)		0.098** (0.050)	0.087* (0.049)	0.126 (0.122)	0.160+ (0.117)	0.454** (0.227)	0.081 (0.146)
EFF_ SUB × *DISTANCE* (H_9)					-0.003 (0.005)	-0.027+ (0.018)	0.000 (0.005)
年份虚拟变量	已包括	已包括	已包括	已包括	已包括	已包括	已包括
国家虚拟变量	已包括	已包括	已包括	已包括	已包括	已包括	已包括
观测值数量	453	384	162	222	384	162	222

注：括号内为标准误，“+”表示 p 值小于 0.20，“*”表示 p 值小于 0.10，“**”表示 p 值小于 0.05，“***”表示 p 值小于 0.01。

6.3　本章小结

本章基于第 4、第 5 章的结果，对海外子行对新兴经济体母行的反哺效应进行了机理分析，并从制度环境的影响方面，提出了关于制度距离调节作用的相应假设。假设检验结果如表 6.4 所示。

表 6.4 海外子行对新兴经济体母行的反哺效应实证结果一览

研究假设		回归系数符号假设	假设检验
H_{9a}	在发达国家市场的海外子行效率水平与新兴经济体母行效率水平正相关	+	支持
H_{9b}	在发展中国家市场的海外子行效率水平与新兴经济体母行效率水平无显著的相关关系	无	支持
H_{10a}	在发达国家市场的海外子行效率对新兴经济体母行效率的影响上，制度距离起负向调节作用	–	支持
H_{10b}	在发展中国家市场的海外子行效率对新兴经济体母行效率的影响上，制度距离起负向调节作用	–	不支持

本章通过分析海外子行对母行的反哺效应，对 FDI 中的逆向知识溢出研究进行了进一步的扩展。首先，本章将海外子行分为在发达国家市场和在发展中国家市场的海外子行，根据第 4、第 5 章理论分析和实证结果，强调在发达国家市场的海外子行所获得的溢出知识主要来源于发达国家当地银行，属于技术型知识，有利于母行创新和效率提高；而在发展中国家市场的海外子行所获得的溢出知识主要来源于新兴经济体当地银行，属于制度型知识，一般是为了取得制度合法性而获得的知识溢出，且只局限于当地的市场环境和制度环境，与母行效率提高没有直接的相关关系。因此，在发达国家市场的海外子行对母行存在较强的反哺效应，而在发展中国家市场的海外子行对母行难以产生有效的反哺效应。其次，基于对制度距离的分析，本章认为制度距离对于海外子行的反哺效应存在一定的调节作用。

7 结论与展望

随着新兴经济体经济发展水平的快速提高和国际地位的逐步提升，新兴经济体企业 FDI 活动也日益增加。为了快速提高创新能力、效率水平以及在国际市场上的综合竞争实力，FDI 活动中的逆向知识溢出效应成为新兴经济体企业获取先进技术和知识资源的重要渠道。本书立足新兴经济体企业国际化的前沿和热点问题，把新兴经济体企业国际化的特点和企业间知识溢出的发生机制作为研究基础，以新兴经济体商业银行为研究对象，遵循逆向知识溢出的两个步骤，首先考察新兴经济体银行到发达国家市场进行 FDI 时的逆向知识溢出；其次进一步分析新兴经济体银行到发展中国家市场进行 FDI 时的逆向知识溢出；最后以所有海外子行为研究样本，考察新兴经济体银行海外子行对母行的反哺效应。本书研究不仅从海外子行的层面对 FDI 中逆向知识溢出的作用机理进行了量化实证分析，在不同知识来源和制度距离对知识溢出效应的影响上进行了进一步的分析，而且通过对海外子行对母行的反哺效应的实证分析，更为系统地对逆向知识溢出的发生机制进行了分析。

本书在第 4、第 5、第 6 章中，分别以新兴经济体银行在发达国家市场的海外子行、在发展中国家市场的海外子行以及所有海外子行为研究对象，对海外子行在发达国家市场的逆向知识溢出、在发展中国家市场的逆向知识溢出以及海外子行对母行的反哺效应分别进行理论分析和实证检验。本部分通过对第 4、第 5、第 6 章中假设检验的结论进行总结，并对影响 FDI 中逆向知识溢出现象的因素进行分析，进而从理论方面和实践方面对本书研究的贡献进行分析总结。最后，通过对本书研究创新之处和研究不足的总结，对 FDI 中逆向知识溢出的相关研究中本书已经拓展的方面以及未来研究方向进行了分析总结。

7.1 研究结论

本书以新兴经济体商业银行为研究对象，对 FDI 中逆向知识溢出的现象进行了分析研究。总体而言，基于本书第 4、第 5、第 6 章关于逆向知识溢出的理论模型和实证分析，得到以下研究结论和启示。

第一，海外市场区位选择影响逆向知识溢出中的知识类型。由于全球扩张和能力提升的双重压力，新兴经济体商业银行在国际化时并不遵循传统的由近及远模式，而是同时进入发达国家市场和发展中国家市场。新兴经济体银行到发达国家市场进行 FDI 时，与当地银行在技术、人才、管理经验等方面都存在着较大的差距，因此新兴经济体银行海外子行吸收的逆向知识溢出以技术型知识为主。而当新兴经济体银行在发展中国家市场进行 FDI 时，与当地银行在制度性知识、客户资源等方面存在较大的差距，因此新兴经济体银行海外子行吸收的逆向知识溢出以制度型知识为主。在新兴经济体银行 FDI 时的逆向知识溢出效应中，不同的东道国市场的核心知识类型也不一样，进而决定了逆向知识溢出中的知识类型。

第二，当地银行是逆向知识溢出的主要来源。本书在理论分析和实证检验中普遍发现，不论银行到发达国家市场还是发展中国家市场进行 FDI，当地银行往往都是逆向知识溢出的主要来源。当地银行在技术、管理、营销等方面的技术型知识和熟悉当地制度环境、了解当地客户需求的制度型知识方面，都对新兴经济体银行有着直接的逆向知识溢出效应。此外，在发达国家外资银行对新兴经济体银行的影响上，由于知识和知识溢出的环境局限性，发达国家外资银行的核心知识和创造性资产主要集中在母行，而外资银行作为发达国家母行的海外子行，对新兴经济体银行的逆向知识溢出效应较弱。

第三，新兴经济体银行海外子行所受到的竞争效应主要来源于其他新兴经济体银行。从理论上看，其他外资银行对新兴经济体银行海外子行都存在着竞争和排挤效应，但是基于 Chen（1996）对企业间竞争影响因素的分析，市场共通性和资源相似性越高，竞争效应往往越显著。由于来自同一个母国的新兴经济体银行在业务结构、资源基础、银行文化、人才素质和市场定位等方面存在较高的相似性，所以当新兴经济体银行进行 FDI 时，其他新兴经济体外资银行对其存在较强的竞争效应，而发达国家外资银行对其的竞争效应较弱。

第四，制度距离会影响知识溢出的效果。知识是内嵌在制度环境中的，知识溢出往往也内嵌在其所处的地理环境和制度环境中。因此，当新兴经济体银行到海外市场进行 FDI 时，母国与东道国的制度环境越相近，越能促进海外子行对当地市场环境的熟悉和融入程度，进而更好地实现本土化，更快地吸收逆向知识溢出。然而，随着制度距离的增加，海外子行面临的“外来者”劣势也随之增加，不仅难以熟悉和融入当地环境，也对逆向知识溢出的发生有一定的影响。

第五，到发达国家市场进行 FDI 有利于母行吸收逆向知识溢出。本书发现，在发达国家市场的海外子行所获取的知识属于技术型知识，而在发展中国家市场的海外子行所获取的知识属于制度型知识。因此，到发达国家进行 FDI 时，往往可以获取当地银行在业务创新、管理技能、网络服务技术等方面的技术型知识溢出，这些知识向母行发生转移时既有利于技术和管理创新的协同效应，也有利于母行充分利用技术型知识提升自身效率水平（Ghoshal & Bartlett，1990）。

7.2 理论贡献

本书的理论贡献主要有以下几个方面。

第一，基于新兴经济体企业国际化的特点，对新兴经济体企业的 FDI 活动进行分析研究，强调知识溢出和制度距离对新兴经济体企业国际化的重要性，对传统企业国际化理论进行了一定的拓展和创新。从企业国际化的理论发展来看，学者大多通过关注企业国际化现象中的特殊性，对传统企业国际化理论不断地提出质疑和挑战，才使企业国际化理论得以发展壮大，形成较为成熟完善的理论体系。传统的企业国际化理论强调，企业在国际化前要具备一定的垄断优势（Hymer，1976；Dunning，1988）。随着新兴经济体经济的蓬勃发展，越来越多的新兴经济体企业通过 FDI 活动进入国际市场，其中，不少企业都没有传统企业国际化理论所强调的垄断优势，但是其国际化步伐在不断加快。为了解释新兴经济体企业国际化的特殊性，不少学者对传统企业国际化理论进行了一定的创新，提出了小规模技术理论、LLL 模型、知识寻求型国际化、制度视角的企业国际化理论等。本书通过考察新兴经济体企业在 FDI 活动中的逆向知识溢出效应，突出了新兴经济体企业国际化的特殊性，为 LLL 模型、知识寻求型国际化等相关理论提供了一定的实证支持，对企业国际化理论的进一步发展有一定的贡献。

第二，通过分析 FDI 活动中的逆向知识溢出现象，对 FDI 活动中的知识溢出研究有一定的理论贡献。目前，关于 FDI 活动中的知识溢出研究大多关注外资企业对本土企业的知识溢出，尤其是来自发达国家的外资企业对新兴经济体市场的本土企业的溢出（Buckley et al.，2007a；Spencer，2008）。虽然有研究表明在企业 FDI 活动中，知识或技术不仅可以从外资企业溢出到本土企业，还可以从本土企业溢出到外资企业，即 FDI 活动中的知识溢出具有双向性（Liu et al.，2000）。但是在实证研究中，鲜有研究关注本土企业对外资企业的知识溢出。随着新兴经济体企业 FDI 活动的迅速增长（UNCTAD，2016），新兴经济体企业在国际化实践中的特殊性也逐渐得到学者的关注。由于缺乏足够的竞争优势，新兴经济体企业在 FDI 活动中往往难以成为知识溢出的来源，而更有可能成为知识溢出的接收方。本书通过对 FDI 活动中的逆向知识溢出进行分析，对 FDI 中的知识溢出相关研究有一定的补充。

第三，以商业银行为研究对象分析逆向知识溢出，突出服务业企业国际化的特殊性，弥补了服务业企业间知识溢出的研究空白。知识溢出的概念最早来源于产业集聚和创新集群等的相关研究（Arrow，1962；Freeman，1991），大多关于企业间的知识溢出主要以制造业企业为研究对象，分析同一产业或地区的企业间的知识溢出对企业创新能力和技术水平的影响，对服务业企业的知识溢出研究较少（Girma & Görg，2007）。目前，关于服务业企业的知识溢出研究还停留在理论层面，分析服务业企业在经营管理上的特殊性，突出知识溢出对服务业企业发展的重要性，强调人才和无形资产的流动是服务业企业间知识溢出发生的重要途径（Erramilli & Rao，1993；鲁若愚等，2000）。基于相关文献回顾和理论基础，本书考虑到服务业企业人才密集、信息密集以及知识无形性等特点，分析商业银行国际化中的逆向知识溢出，在一定程度上丰富了服务业企业间知识溢出的研究。

第四，通过分析制度距离对逆向知识溢出的调节作用，考虑到了知识和知识溢出的环境局限性，强调制度环境对知识溢出发生的重要性，对知识溢出的相关研究有一定的理论贡献。知识作为一种无形资产，往往是在特定的制度环境中积累和发展的，因此受限于其所处的制度环境（Almeida & Kogut，1999）。相应地，知识溢出也受到所处的制度环境的制约（Mishkin & Clover，2014）。知识往往内嵌在组织的人才队伍、企业文化中，企业为了通过知识溢出获益，就要对知识来源企业所处的制度环境有一定的熟悉和了解，进而融入知识来源企业所处的创新体系中（Marano et al.，2017）。制度距离作为企业母国与东道国之间的制度环境差异，会增加企业熟悉和了解东道国制度环境的难度，使得企业难以融入东道国市场，进而难以获取相应的知识溢出。本书通过分析制度距离对逆向知识溢出的调节作用，突出制度环境对知识溢出的重要性，对知识溢出的研究有一定的贡献。

第五，对不同知识来源的逆向知识溢出分别进行理论和实证分析，在知识溢出的实证分析上有一定的创新之处。目前，关于知识溢出的研究大多分析企业所受到的知识溢出的总和，鲜有研究分析不同知识来源企业的知识溢出是否存在一定的差异。但是由于不同类型的知识来源企业对焦点企业的溢出可能在溢出有效性、知识类型、知识量等方面存在着一定的差异，对不同知识来源的企业进行分组以分别探讨其知识溢出效应是十分必要的。本书将新兴经济体银行在海外市场上面对的知识来源银行分为当地银行、发达国家外资银行以及其他新兴经济体外资银行三种类型，从理论和实证上分别探讨其逆向知识溢出，在知识溢出的实证分析上有一定的创新之处。

7.3 实践启示

本书研究结论对中国商业银行以及其他新兴经济体商业银行的国际化实践和发展战略都有一定的借鉴意义，主要包括以下几个方面。

第一，利用跨国并购提升自身竞争实力。

基于逆向知识溢出对新兴经济体商业银行国际化发展的重要性，跨国并购作为目前不少大型国际银行的国际化扩张模式，能帮助新兴经济体银行直接获得被并购方在东道国市场的服务网络、客户资源、人力资本以及业务基础，不仅能够快速地熟悉和融入东道国市场环境，还能够利用被并购方的技术和知识资源提升自身的创新能力与竞争实力。扩大银行规模、提高银行业务集中性是银行业加强自身竞争实力的重要方法。银行业的规模经济效应使得跨国并购成为其海外扩张的重要形式。随着信息一体化和金融自由化的发展，国际金融市场竞争加剧，发达国家市场和发展中国家市场为了适应国际金融市场的要求，纷纷放宽对外资银行在进入模式、业务经营等方面的限制，为银行实施跨国并购提供了新的机遇和挑战。

在利用跨国并购提升银行竞争实力时，为了确保在国际化发展上的稳健增长，同时更快速有效地提高创新能力和竞争实力，新兴经济体银行需要注意以下几个方面的问题。首先，坚持理性并购，切勿盲目扩张。虽然跨国并购对于新兴经济体银行提升国际竞争实力有较强的促进作用，但是在对东道国市场进入模式的选择方面，银行要因地制宜，进行全面综合的考虑。对于国际化经验和管理能力有限的新兴经济体银行而言，进入模式应以新设分支机构为主、跨国并购为辅；而国际化经验和管理能力较强的新兴经济体银行可以选择以跨国并购为主、新设分支机构为辅的进入模式。其次，注重跨国并购之后的整合，加强与被并购海外机构的协同合作。为了更好地利用跨国并购的机会提升自身竞争实力，新兴经济体银行就要注重跨国并购后与被并购海外机构的整合。有效的整合不仅能够提升银行的整体凝聚力，而且能够促进并购双方的协同合作，发挥资源和能力的最大价值。

第二，重视人力资本在银行国际化经营中的作用。

在逆向知识溢出的研究中，本书发现人才流动是银行间发生知识溢出的重要途径。作为服务业企业，银行拥有的比较优势是无法脱离其人力资本而完全物化在技术与设备上的。银行业的经营发展和价值创造往往更依赖人才而不是技术，其竞争优势往往体现在员工的职业技能、服务质量、管理和激励水平等方面。人力资本对于银行而言是具有创造性的特殊资源，银行业务结构改革、提升服务质量都需要人力资本的参与，尤其是专业性金融人才。此外，为了保证服务质量和水平，对员工的专业培训也是必不可少的。随着员工工作经验的不断丰富，人力资本对于银行的价值也不断提升。

为了提升人力资本价值，建立拥有丰富国际化管理经验的管理团队，新兴经济体商业银行就要从以下几个方面入手加强人力资本的投入和升值。首先，提高外派管理人员的国际化经营水平。作为海外子行的管理人员，既要对东道国市场的相关商业规范、社会文化法律法规等有一定的熟悉和了解，又要使海外子行的经营发展符合母行的发展战略和整体规划。其次，要吸引海外的专业性金融人才。到发达国家市场进行 FDI 是新兴经济体银行吸引海外专业人才的重要机会。凭借有竞争力的薪资报酬和发展空间，银行不仅可以吸引东道国当地人才，以更好地熟悉东道国环境，还可以聘用有丰富银行从业经验的专业型人才，提高银行的人力资本水平。最后，建立有效的管理激励体系。除了提高银行人才队伍的整体质量和吸引高质量的海外人才，银行还应该利用有效的激励体系，为留住高质量人才队伍提供一定的保障。

第三，提高风险管理水平以实现稳健增长。

在对发展中国家东道国市场上的逆向知识溢出的研究中，本书发现制度学习对于银行向发展中国家进行投资至关重要。在制度环境不完善的发展中国家市场，新兴经济体银行不仅要对当地制度环境进行熟悉和了解，也要建立全面的风险管理系统，以应对不同东道国市场上的国别风险。近年来，日趋严峻的全球银行监管环境和金融危机的惨痛教训表明，建立全面的风险管理系统是商业银行在国际市场上经营发展的重要基础。作为大型国际银行，由于其跨国经营和业务全球化的特点，银行金融创新和产品线的扩张一方面通过对资本资源的优化组合，促进银行效率水平的提高；另一方面可能会给银行带来一定的经营风险，甚至会蔓延成为地区性、全球性的金融危机。发达国家银行在经历过数次金融危机的洗礼后，其风险管理意识较强，风险管理体系也较完善。相对而言，新兴经济体银行风险管理意识普遍较薄弱，风险管理系统存在滞后性、资源和信息冗余等问题。为了实现国际化发展的稳健增长，新兴经济体商业银行就要结合自身经营特点，建立全面有效的风险管理系统，提高风险管理水平。

在当今金融自由化和经济全球化的趋势下，任何一次金融风波都有可能引发地区性甚至全球性的经济震荡和金融危机。为了提高风险管理水平，新兴经济体商业银行要注意以下几个方面。首先，到国别风险较高的国家或地区进行投资时提高风险防范能力。基于全球扩张的压力，不少新兴经济体商业银行开始向发展中国家市场进行海外投资。例如，我国“一带一路”倡议的实施就为中国商业银行“走出去”提供了新的机遇。新兴经济体商业银行应该根据自身需求，将有限的资本尽可能多地投入“收益高、风险低、潜能大”的海外市场，避免在高风险国家或地区过度投资（吕景胜，2012）。如果到国别风险较高的国家或地区进行投资，则新兴经济体商业银行应该加强与同业机构的互联互通，针对自身业务和海外市场具体情况，建立符合自身发展以及当地市场的风险预警体系。其次，加强合规经营理念，严格遵守东道国市场的法律法规和商业规范。新兴经济体商业银行在海外市场经营时要建立有效的合规管理体系，并通过借鉴当地银行的经营实践和大型国际银行的国际化经营经验，实现合规管理专人专职化，在制度上明确合规经营的重要性和必要性，确保在当地市场环境的合规经营。

第四，提高业务综合化水平。

根据本书研究结论，由于制度环境的限制，新兴经济体银行在创新能力和竞争优势上都存在着一定的劣势。当新兴经济体银行向制度环境较自由化和完善的发达国家市场进行 FDI 时，可以利用制度环境的优势实现业务综合化经营，提高国际化竞争优势。基于规模经济在银行业经营和发展中的重要性，发达国家商业银行大多注重业务创新和业务多元化能力，尤其是大型国际银行，大多以金融集团的形式发展银行、证券、保险、信托等相关业务，充分利用银行有限的资源，使业务结构发挥最大的价值，如花旗银行、摩根大通银行、瑞士银行集团等。目前，全球大型的全能型银行或金融控股集团多为发达国家银行，而新兴经济体银行的业务模式较单一，进行混业经营的银行较少。产生这一现象的原因主要有两个：第一，由于实体经济发展和经济周期与金融业的发展有着直接的联系，新兴经济体银行业起步较晚，在国际市场上的影响力和竞争力还较弱，在业务创新方面缺乏一定的经验和实力；第二，出于金融稳定和经济发展的考虑，大多新兴经济体政府对银行业的参与和控制程度较高，使得银行业的创新动力不足。

随着新兴经济体的经济发展和金融自由化的逐步发展，企业对外投资活动不断增加，个人投资和消费也日益增加，进而对金融服务提出了更高的要求。面对企业和个人的多元化金融需求，新兴经济体银行应该在保证一定发展的情况下，为“走出去”的企业提供融资、国际结算、投行业务等全方位金融服务，进而调整业务结构，提高业务综合化水平。商业银行应借助国际化的步伐改革盈利结构，从依靠信贷业务的传统金融中介向全能金融服务中心进行转变，构建全球性产品线，从证券、保险、信托以及传统银行业务等方面为企业和个人客户提供全方位的金融服务，成为新一代的“金融百货公司”。与此同时，在提高业务综合化水平方面新兴经济体银行也应该吸取发达国家银行的经验教训，避免过度多元化经营产生的风险隐患。不少发达国家的大型国际银行开始细分金融业务的形式开展综合化经营，即集中发展核心的商业银行业务，并在有差异性的业务间，如证券、保险等，设立一定的风险防火墙，这样既有利于对系统性风险的防范和控制，又有利于银行通过综合化经营提高盈利能力和效率水平。新兴经济体银行在开展综合化经营时可以借鉴“防火墙”式的综合化经营模式，将风险管理和综合化经营更好地结合起来。

7.4 研究不足与研究展望

本书的研究不足和对未来研究的展望主要有以下几个方面。

第一，在对制度距离的测量上，本书只考察了国家层面的制度距离，而没有考虑一些国土面积较大的国家（如美国）内可能存在不同地区或城市间的制度环境差异。由于数据来源的限制，本书没有考虑国家内不同地区或城市间的制度环境差异，这可能在一定程度上影响了本书的研究结果。

第二，在对逆向知识溢出的测量上，本书只从国家层面上考察了不同类别银行的市场参与度对逆向知识溢出的影响，没有考察新兴经济体银行在同一东道国市场的城市区位选择是否会影响逆向知识溢出的效果。由于同一国家内的不同城市或地区可能存在着是否为金融中心、金融市场人才规模、银行数量的区别，逆向知识溢出效应可能会有所不同。

第三，在第4章对逆向知识溢出机制中人才流动效应的实证分析中，由于数据来源的限制，本书对人才流动效应的分析聚焦于人才规模的效应，未考虑银行间直接的人才流动效应。有研究发现，人才从一个企业流向另一个企业后，其薪资水平的提高能够反映后者企业对人才价值的重视和利用程度（Balsvik，2011）。

第四，在对当地银行市场参与度的测量上，本书包括了所有当地银行，未考虑当地银行规模大小对知识溢出的影响。东道国市场的大型跨国银行在国际化管理经验、技术水平和境外机构统筹协作能力上相对较强；而当地小规模银行往往只关注本土业务，其国际化经验可能不如到当地市场进行国际化的新兴经济体银行。因此，银行规模的大小可能会影响知识溢出的效果。

根据上述研究不足，未来研究可以在城市层面上对逆向知识溢出展开研究，对银行间直接的人才流动效应进行分析或考察知识来源银行规模大小对逆向知识溢出的影响。

参考文献

[1]白洁. 对外直接投资的逆向技术溢出效应:对中国全要素生产率影响的经验检验[J]. 世界经济研究,2009(8):65－69,89.

[2]白露,王向阳. FDI 技术溢出机理及对策研究[J]. 工业技术经济,2009(5):110－111.

[3]陈彪如. 国际金融概论[M]. 上海:华东师范大学出版社,1991.

[4]邓明. 制度距离、"示范效应"与中国 OFDI 的区位分布[J]. 国际贸易问题,2012(2):123－135.

[5]邓子梁,陈岩. 外商直接投资对国有企业生存的影响:基于企业异质性的研究[J]. 世界经济,2013(12):53－69.

[6]董艳,张大永,蔡栋梁. 走进非洲:中国对非洲投资决定因素的实证研究[J]. 经济学(季刊),2011(2):675－690.

[7]顾乃华,李江帆. 中国服务业技术效率区域差异的实证分析[J]. 经济研究,2006(1):46－56.

[8]李军,王玉荣. 制度学习、网络中心性和市场进入:跨国风险资本在华投资的实证研究[J]. 国际贸易问题,2013(1):131－145.

[9]刘明霞. 创造性资产寻求型 FDI:发展中国家跨国公司的新趋势和新挑战[J]. 财贸经济,2009(4):83－87.

[10]鲁桐. 中国企业"走出去"的战略选择[J]. 当代世界,2007(8):50－52.

[11]鲁若愚,段小华,张鸿. 制造业的服务创新与差别化战略[J]. 四川大学学报(哲学社会科学版),2000(6):16－20.

[12]路江涌. 外商直接投资对内资企业效率的影响和渠道[J]. 经济研究,2008(6):95-106.

[13]吕景胜. 企业海外投资新型风险类型及其防范[J]. 中国软科学,2012(8):185-192.

[14]毛泽盛. 跨国银行的进入、绩效及其管制:以发展中国家为研究视角[M]. 北京:人民出版社,2005.

[15]亓朋,许和连,艾洪山. 外商直接投资企业对内资企业的溢出效应:对中国制造业企业的实证研究[J]. 管理世界,2008(4):58-68.

[16]汤凌霄. 跨国银行系统性风险监管论[M]. 北京:经济科学出版社,2004.

[17]王凤彬,杨阳. 构建两栖型跨国企业的 FDI 模式:以联想集团国际化为例[J]. 财贸经济,2010(9):81-86.

[18]王凤彬,杨阳. 我国企业 FDI 路径选择与"差异化的同时并进"模式[J]. 中国工业经济,2010(2):120-129.

[19]王凤彬,石鸟云. 跨国公司外来者劣势及其应对策略[J]. 财经问题研究,2011(8):116-122.

[20]王恕立,胡宗彪. 中国服务业分行业生产率变迁及异质性考察[J]. 经济研究,2012(4):15-27.

[21]王益民,宋琰纹. 全球生产网络效应、集群封闭性及其"升级悖论":基于大陆台商笔记本电脑产业集群的分析[J]. 中国工业经济,2007(4):46-53.

[22]吴昌南,曾小龙. 西方跨国公司逆向知识转移研究综述[J]. 经济评论,2013(1):145-151.

[23]吴念鲁. 中国银行业海外发展战略的思考[J]. 金融研究,2006(10):1-7.

[24]吴先明. 跨国公司理论范式之变:从垄断优势到寻求创造性资产[J]. 世界经济研究,2007(5):64-68.

[25]吴先明,糜军. 我国企业对发达国家逆向投资与自主创新能力

[J]. 经济管理,2009(4):57－63.

[26]吴先明,苏志文. 将跨国并购作为技术追赶的杠杆:动态能力视角[J]. 管理世界,2014(4):146－164.

[27]熊伟,熊英,章玲. 论制度全面影响对外直接投资的机制:以修正的国际生产折衷理论为基础[J]. 改革与战略,2008(6):17－19.

[28]杨忠,张骁,陈扬,等. "天生全球化"企业持续成长驱动力研究:企业生命周期不同阶段差异性跨案例分析[J]. 管理世界,2007(6):122－136.

[29]张方华,陈劲. 基于能力的国际化战略[J]. 科学管理研究,2003(1):73－76.

[30]张邯玥,田高良. 中国商业银行国际化发展的现状、存在问题及对策研究[J]. 经济问题探索,2006(2):134－138.

[31]张晔,梅丽霞. 网络嵌入、FDI 主导型集群与本土企业发展:以苏州地区自行车集群为例[J]. 中国工业经济,2008(2):122－130.

[32]赵伟. 民营企业国际化:理论分析与典型案例研究[M]. 北京:经济科学出版社,2006.

[33]朱华晟. 基于 FDI 的产业集群发展模式与动力机制:以浙江嘉善木业集群为例[J]. 中国工业经济,2004(3):106－112.

[34]庄乾志. 银行发展:市场化与国际化[M]. 北京:北京大学出版社,2001.

[35]宗良. 跨国银行风险管理[M]. 北京:中国金融出版社,2002.

[36]AIGNER D, LOVELL C K, SCHMID T P. Formulation and Estimation of Stochastic Frontier Production Function Models [J]. Journal of econometrics, 1977, 6(1): 21－37.

[37]AITKEN B J, HARRISON A E. Do Domestic Firms Benefit from Direct Foreign Investment? Evidence from Venezuela [J]. American economic review, 1999, 89(3): 605－618.

[38]AGARWAL S, RAMASWAMI S N. Choice of Foreign Market Entry Mode: Impact of Ownership, Location and Internalization Factors [J]. Journal of

international business studies, 1992, 23(1): 1 –27.

[39] ALI M S B, SGHAIER A. Competition and Banking Efficiency: Evidence from Tunisian Banking Industry [J]. Journal of islamic economics, banking and finance, 2012, 8(1): 53 –70.

[40] ALIBER R Z. Towards a Theory of International Banking [J]. Economic review, 1976, (Spr.): 5 –8.

[41] ALIBER R Z. International Banking: A Survey [J]. Journal of money, credit and banking, 1984, 16(4): 661 –678.

[42] ALMEIDA P. Knowledge Sourcing by Foreign Multinationals: Patent Citation Analysis in The US Semiconductor Industry [J]. Strategic management journal, 1996, 17(S2): 155 –165.

[43] ALMEIDA P, KOGUT B. Localization of Knowledge and The Mobility of Engineers in Regional Networks [J]. Management science, 1999, 45(7): 905 –917.

[44] ALMEIDA P, SONG J, GRANT R M. Are firms Superior to Alliances and Markets? An Empirical Test of Cross – border Knowledge Building [J]. Organization science, 2002, 13(2): 147 –161.

[45] ARNOLD D J, QUELCH J A. New Strategies in Emerging Markets [J]. MIT Sloan management review, 1998, 40(1): 7 –20.

[46] ARROW K J. The Economic Implications of Learning by Doing [J]. The review of economic studies, 1962, 29(3): 155 –173.

[47] AUDRETSCH D B, FELDMAN M P. R&D Spillovers and the Geography of Innovation and Production [J]. American economic review, 1996, 86(3): 630 –640.

[48] AUDRETSCH D B, FELDMAN M P. Knowledge Spillovers and the Geography of Innovation [M]//HENDERSON V, THISSE J F. Handbook of Regional and Urban Economics: Cities and Geography. Amsterdam: Elsevier, 2004.

[49] AULAKH P S. Emerging Multinationals from Developing Economies:

Motivations, Paths and Performance [J]. Journal of international management, 2007, 13(3): 235-241.

[50] BALL C A, TSCHOEGL A E. The Decision to Establish a Foreign Bank Branch or Subsidiary: An Application of Binary Classification Procedures [J]. Journal of financial and quantitative analysis, 1982, 17(3): 411-424.

[51] BALSVIK R. Is Labor Mobility a Channel for Spillovers from Multinationals? Evidence from Norwegian Manufacturing [J]. The review of economics and statistics, 2011, 93(1): 285-297.

[52] BANKER R D, CHARNES A, COOPER W W. Some Models for Estimating Technical and Scale Inefficiencies in Data Envelopment Analysis [J]. Management science, 1984, 30(9): 1078-1092.

[53] BARNEY J. Firm Resources and Sustained Competitive Advantage [J]. Journal of management, 1991, 17(1): 99-120.

[54] BARTH J R, CAPRIO G, LEVINE R. Bank Regulation and Supervision: What Works Best? [J]. Journal of financial intermediation, 2004, 13(2): 205-248.

[55] BASSI L J, MCMURRER D P. Maximizing Your Return on People [J]. Harvard business review, 2007, 85(3): 115-123.

[56] BATHELT H, MALMBERG A, MASKELL P. Clusters and Knowledge: Local Buzz, Global Pipelines and the Process of Knowledge Creation [J]. Progress in human geography, 2004, 28(1): 31-56.

[57] BERG S A, KIM M. Oligopolistic Interdependence and the Structure of Production in Banking: An Empirical Evaluation [J]. Journal of money, credit and banking, 1994, 26(2): 309-322.

[58] BERGER A N, HASAN I, ZHOU M. The Effects of Focus Versus Diversification on Bank Performance: Evidence from Chinese Banks [J]. Journal of banking & finance, 2010, 34(7): 1417-1435.

[59] BERGER A N, HUNTER W C, TIMME S G. The Efficiency of Finan-

cial Institutions: A Review and Preview of Research Past, Present and Future [J]. Journal of banking & finance, 1993, 17(2/3): 221 -249.

[60] BERGER A N, KLAPPER L F, UDELL G F. The Ability of Banks to Lend to Informationally Opaque Small Businesses [J]. Journal of banking & finance, 2001, 25(12): 2127 -2167.

[61] BERGER A N, MESTER L J. Inside the Black Box: What Explains Differences in the Efficiencies of Financial Institutions? [J]. Journal of banking & finance, 1997, 21(7): 895 -947.

[62] BIKKER J A, HAAF K. Competition, Concentration and Their Relationship: An Empirical Analysis of the Banking Industry [J]. Journal of banking & finance, 2002, 26(11): 2191 -2214.

[63] BIRKINSHAW J, HOOD N. Multinational Subsidiary Evolution: Capability and Charter Change in Foreign - owned Subsidiary Companies [J]. Academy of management review, 1996, 23(4): 773 -795.

[64] BLOMSTRÖM M, KOKKO A. Multinational Corporations and Spillovers [J]. Journal of rconomic surveys, 1998, 12(3): 247 -277.

[65] BLOMSTRÖM M, PERSSON H. Foreign Investment and Spillover Efficiency in an Underdeveloped Economy: Evidence from the Mexican Manufacturing Industry [J]. World development, 1983, 11(6): 493 -501.

[66] BLOMSTRÖM M, SJÖHOLM F. Technology Transfer and Spillovers: Does Local Participation with Multinationals Matter? [J]. European economic review, 1999, 43(4): 915 -923.

[67] BODDEWYN J J, HALBRICH M B, PERRY A. Service Multinationals: Conceptualization, Measurement and Theory [J]. Journal of international business studies, 1986, 17(3): 41 -57.

[68] BONAGLIA F, GOLDSTEIN A, MATHEWS J A. Accelerated Internationalization by Emerging Markets' Multinationals: The Case of the White Goods Sector [J]. Journal of world business, 2007, 42(4): 369 -383.

[69]BOS J W, KOOL C J. Bank Efficiency: The Role of Bank Strategy and Local Market Conditions [J]. Journal of banking & finance, 2006, 30(7): 1953 - 1974.

[70]BRANDT L, LI H. Bank Discrimination in Transition Economies: Ideology, Information, or Incentives? [J]. Journal of comparative economics, 2003, 31(3): 387 - 413.

[71]BRIMMER A F, DAHL F R. Growth of American International Banking: Implications for Public Policy [J]. Journal of finance, 1975, 30(2): 341 - 63.

[72]BUCH C M. Why Do Banks Go Abroad: Evidence from German Data [J]. Financial markets, institutions & instruments, 2000, 9(1): 33 - 67.

[73]BUCH C M, LIPPONER A. FDI Versus Exports: Evidence from German Banks [J]. Journal of banking & finance, 2007, 31(3): 805 - 826.

[74]BUCKLEY P J, CASSON M. The Future of the Multinational Enterprise [M]. London: Macmillan, 1976.

[75]BUCKLEY P J, CLEGG J, WANG C. Is the Relationship Between Inward FDI and Spillover Effects Linear? An Empirical Examination of the Case of China [J]. Journal of international business studies, 2007, 38(3): 447 - 459.

[76]BUCKLEY P J, CLEGG L J, CROSS A R, et al. The Determinants of Chinese Outward Foreign Direct Investment [J]. Journal of international business studies, 2007, 38(4): 499 - 518.

[77]CALOF J L, BEAMISH P W. Adapting to Foreign Markets: Explaining Internationalization [J]. International business review, 1995, 4(2): 115 - 131.

[78]CAMPBELL A J, VERBEKE A. The Globalization of Service Multinationals [J]. Long range planning, 1994, 27(2): 95 - 102.

[79]CANIËLS M C. Knowledge Spillovers and Economic Growth: Regional Growth Differentials across Europe [M]. UK: Edward Elgar Publishing, 2000.

[80]CANTWELL J. The Globalisation of Technology: What Remains of the Product Cycle Model? [J]. Cambridge journal of economics, 1995, 19(1): 155-155.

[81]CANTWELL J, MUDAMBI R. MNE Competence-creating Subsidiary Mandates [J]. Strategic management journal, 2005, 26(12): 1109-1128.

[82]CANTWELL J A, MUDAMBI R. Physical Attraction and the Geography of Knowledge Sourcing in Multinational Enterprises [J]. Global strategy journal, 2011, 1(3-4): 206-232.

[83]CAPAR N, KOTABE M. The Relationship Between International Diversification and Performance in Service Firms [J]. Journal of international business studies, 2003, 34(4): 345-355.

[84]CAPRIO G, HONOHAN P. Restoring Banking Stability: Beyond Supervised Capital Requirements [J]. Journal of economic perspectives, 1999, 13(4): 43-64.

[85]CARMAN J M, LANGEARD E. Growth Strategies for Service Firms [J]. Strategic management journal, 1980, 1(1): 7-22.

[86]CAVES R E. Multinational Firms, Competition, and Productivity in Host-country Markets [J]. Economica, 1974, 41(162): 176-193.

[87]CHANG S J. International Expansion Strategy of Japanese Firms: Capability Building through Sequential Entry [J]. Academy of management journal, 1995, 38(2): 383-407.

[88]CHANG S J, XU D. Spillovers and Competition Among Foreign and Local Firms in China [J]. Strategic management journal, 2008, 29(5): 495-518.

[89]CHARLOT S, DURANTON G. Communication Externalities in Cities [J]. Journal of urban economics, 2004, 56(3): 581-613.

[90]CHEN M-J. Competitor Analysis and Interfirm Rivalry: Toward a Theoretical Integration [J]. Academy of management review, 1996, 21(1):

100 - 134.

[91]CHESBROUGH H W. Open Innovation: The New Imperative for Creating and Profiting from Technology [M]. Boston: Harvard Business Press, 2003.

[92] CHORTAREAS G E, GIRARDONE C, VENTOURI A. Financial Freedom and Bank Efficiency: Evidence from the European Union [J]. Journal of banking & finance, 2013, 37(4): 1223 - 1231.

[93]CLAESSENS S, DEMIRGÜÇ - KUNT A, HUIZINGA H. How Does Foreign Entry Affect Domestic Banking Markets? [J]. Journal of banking & finance, 2001, 25(5): 891 - 911.

[94]CLARKE G, CULL R, PERIA M S M, et al. Foreign Bank Entry: Experience, Implications for Developing Economies, and Agenda for Further Research [J]. World bank research observer, 2003, 18(1): 25 - 59.

[95]COASE R H. The Nature of the Firm [J]. Economica, 1937, 4(16): 386 - 405.

[96]COCKBURN I M, HENDERSON R M. Absorptive Capacity, Coauthoring Behavior, and the Organization of Research in Drug Discovery [J]. Journal of industrial economics, 1998, 46(2): 157 - 182.

[97]COHEN W M, LEVINTHAL D A. Absorptive Capacity: A New Perspective on Learning and Innovation [J]. Administrative science quarterly, 1990, 35(1): 128 - 152.

[98]CORREDOIRA R, ROSENKOPF L. Gaining from Your Losses: The Backward Transfer of Knowledge Through Mobility Ties [C]. Paper presented at the Smith Entrepreneurship Research Conference, University of Maryland, 2005.

[99]COSTA M, IEZZI S. Technology Spillover and Regional Convergence Process: A Statistical Analysis of the Italian Case [J]. Statistical methods and applications, 2004, 13(3): 375 - 398.

[100]CUERVO - CAZURRA A, DAU L A. Promarket Reforms and Firm Profitability in Developing Countries [J]. Academy of management journal,

2009, 52(6): 1348 - 1368.

[101] CUERVO - CAZURRA A, GENC M. Transforming Disadvantages into Advantages: Developing - country MNEs in the Least Developed Countries [J]. Journal of international business studies, 2008, 39(6): 957 - 979.

[102] DAU L A. Learning Across Geographic Space: Pro - market Reforms, Multinationalization Strategy, and Profitability [J]. Journal of international business studies, 2013, 44(3): 235 - 262.

[103] DEGRYSE H, ONGENA S. The Impact of Technology and Regulation on the Geographical Scope of Banking [J]. Oxford review of economic policy, 2004, 20(4): 571 - 590.

[104] DENG Z, JEAN R J B, SINKOVICS R R. Polarizing Effects of Early Exporting on Exit [J]. Management international review, 2017, 57(2): 243 - 275.

[105] DENG Z, GUO H, KONG G. Efficiency Spillovers of Foreign Direct Investment in the Chinese Banking System [J]. Global economic review, 2011, 40(2): 179 - 191.

[106] DIAMOND D W. Financial Intermediation and Delegated Monitoring [J]. The review of economic studies, 1984, 51(3): 393 - 414.

[107] DI GIOVANNI J. What Drives Capital Flows? The Case of Cross - border M&A Activity and Financial Deepening [J]. Journal of international economics, 2005, 65(1): 127 - 149.

[108] DIMAGGIO P J, POWELL W W. The New Institutionalism in Organizational Analysis [M]. Chicago: University of Chicago Press, 1991.

[109] DOPICO L G, WILCOX J A. Openness, Profit Opportunities and Foreign Banking [J]. Journal of international financial markets, institutions and money, 2002, 12(4): 299 - 320.

[110] DOWLING J, PFEFFER J. Organizational Legitimacy: Social Values and Organizational Behavior [J]. Pacific sociological review, 1975, 18(1):

122 – 136.

[111]DRIFFIELD N, LOVE J H. Foreign Direct Investment, Technology Sourcing and Reverse Spillovers [J]. The Manchester school, 2003, 71(6): 659 – 672.

[112]DUNNING J H. Trade, Location of Economic Activity, and the Multinational Enterprises: A Search for an Eclectic Approach [M]//OHLIN B, HESSELBORN P, WIJKMAN P. The International Allocation of Economic Activity. New York: Holmes and Meier, 1977.

[113]DUNNING J H. The Eclectic Theory of the MNC [M]. London: Allen & Irwin, 1981.

[114]DUNNING J H. The Eclectic Paradigm of International Production: A Restatement and Some Possible Extensions [J]. Journal of international business studies, 1988, 19(1): 1 – 31.

[115]DUNNING J H. Multinational Enterprises and the Growth of Services: Some Conceptual and Theoretical Issues [J]. Service industries journal, 1989, 9(1): 5 – 40.

[116]DUNNING J H. Multinational Enterprises and the Global Economy [M]. California: Addison – Wesley, 1992.

[117]DUNNING J H. Comment on Dragon Multinationals: New Players in 21st Century Globalization [J]. Asia pacific journal of management, 2006, 23(2): 139 – 141.

[118]DUNNING J H. Towards a New Paradigm of Development: Implications for the Determinants of International Business [J]. Transnational corporations, 2006, 15(1): 173 – 227.

[119]DUNNING J H, LUNDAN S M. Institutions and the OLI Paradigm of the Multinational Enterprise [J]. Asia pacific journal of management, 2008, 25(4): 573 – 593.

[120]EARLEY P C. Social Loafing and Collectivism: A Comparison of the

United States and the People's Republic of China [J]. Administrative science quarterly, 1989, 34(4): 565-581.

[121]EDEN L, MILLER S R. Distance Matters: Liability of Foreignness, Institutional Distance and Ownership Strategy [M]//HITT M, CHENG J. Advances in International Management, Amsterdam: Elsevier, 2004.

[122]EDWARDS T, FERNER A. Multinationals, Reverse Diffusion and National Business Systems [J]. Management international review, 2004, 44(1): 49-79.

[123]ELANGO B, PATTNAIK C. Building Capabilities for International Operations Through Networks: A Study of Indian Firms [J]. Journal of international business studies, 2007, 38(4): 541-555.

[124]ERDENER C, SHAPIRO D M. The Internationalization of Chinese Family Enterprises and Dunning's Eclectic MNE Paradigm [J]. Management and organization review, 2005, 1(3): 411-436.

[125]ERNST D, KIM L. Global Production Networks, Knowledge Diffusion, and Local Capability Formation [J]. Research policy, 2002, 31(8): 1417-1429.

[126]ERRAMILLI M K. The Experience Factor in Foreign Market Entry Behavior of Service Firms [J]. Journal of international business studies, 1991, 22(3): 479-501.

[127]ERRAMILLI M K, RAO C P. Service Firm's International Entry-mode Choice: A Modified Transaction-cost Analysis Approach [J]. Journal of marketing, 1993, 57(3): 19-39.

[128]FALLICK B, FLEISCHMAN C A, REBITZER J B. Job-hopping in Silicon Valley: Some Evidence Concerning the Microfoundations of a High-technology Cluster [J]. The review of economics and statistics, 2006, 88(3): 472-481.

[129]FELDMAN M P, FRANCIS J. The Entrepreneurial Spark: Individual

Agents and the Formation of Innovative Clusters [M]//CURZIO A Q, FORTIS M. Complexity and Industrial Clusters. New York: Springer, 2002.

[130] FILATOTCHEV I, LIU X, BUCK T, et al. The Export Orientation and Export Performance of High – technology SMEs in Emerging Markets: The Effects of Knowledge Transfer by Returnee Entrepreneurs [J]. Journal of international business studies, 2009, 40(6): 1005 – 1021.

[131] FINDLAY R. Relative Backwardness, Direct Foreign Investment, and the Transfer of Technology: A Simple Dynamic Model [J]. Quarterly journal of economics, 1978, 92(1): 1 – 16.

[132] FLORIDA R. The Economic Geography of Talent [J]. Annals of the association of American geographers, 2002, 92(4): 743 – 755.

[133] FOCARELLI D, POZZOLO A F. Where Do Banks Expand Abroad? An Empirical Analysis [J]. The journal of business, 2005, 78 (6): 2435 – 2464.

[134] FOSFURI A, MOTTA M, RØNDE T. Foreign Direct Investment and Spillovers Through Workers' Mobility [J]. Journal of international economics, 2001, 53(1): 205 – 222.

[135] FREEMAN C. Networks of Innovators: A Synthesis of Research Issues [J]. Research policy, 1991, 20(5): 499 – 514.

[136] FTSE. FTSE Annual Country Classification Review [R]. Financial Times and Stock Exchange Ltd, 2016: 1 – 4.

[137] FUNK R J. Making the Most of Where You Are: Geography, Networks, and Innovation in Organizations [J]. Academy of management journal, 2014, 57(1): 193 – 222.

[138] GAFFNEY N, COOPER D, KEDIA B, et al. Institutional Transitions, Global Mindset, and EMNE Internationalization [J]. European management journal, 2004, 32(3): 383 – 391.

[139] GAGANIS C, PASIOURAS F. Financial Supervision Regimes and

Bank Efficiency: International Evidence [J]. Journal of banking & finance, 2013, 37(12): 5463 – 5475.

[140] GARCIÍA – CANAL E, DUARTE C L, CRIADO J R, et al. Accelerating International Expansion Through Global Alliances: A Typology of Cooperative Strategies [J]. Journal of world business, 2002, 37(2): 91 – 108.

[141] GASTANAGA V M, NUGENT J B, PASHAMOVA B. Host Country Reforms and FDI Inflows: How Much Difference Do They Make? [J]. World development, 1998, 26(7): 1299 – 1314.

[142] GEREFFI G. International Trade and Industrial Upgrading in the Apparel Commodity Chain [J]. Journal of international economics, 1999, 48(1): 37 – 70.

[143] GHOSHAL S, BARTLETT C A. The Multinational Corporation as an Interorganizational Network [J]. Academy of management review, 1990, 15(4): 603 – 626.

[144] GIRARDONE C, MOLYNEUX P, GARDENER E P. Analysing the Determinants of Bank Efficiency: The Case of Italian Banks [J]. Applied economics, 2004, 36(3): 215 – 227.

[145] GIRMA S. Absorptive Capacity and Productivity Spillovers from FDI: A Threshold Regression Analysis [J]. Oxford bulletin of economics and statistics, 2005, 67(3): 281 – 306.

[146] GIRMA S, GÖRG H. The Role of the Efficiency Gap for Spillovers from FDI: Evidence from the UK Electronics and Engineering Sectors [J]. Open economies review, 2007, 18(2): 215 – 232.

[147] GLAESER E L. Learning in Cities [J]. Journal of urban economics, 1997, 46(2): 254 – 277.

[148] GLASS A J, SAGGI K. International Technology Transfer and the Technology Gap [J]. Journal of development economics, 1998, 55(2): 369 – 398.

[149] GLASS A J, SAGGI K. Multinational Firms and Technology Transfer [J]. The Scandinavian journal of economics, 2002, 104(4): 495 -513.

[150] GLOBERMAN S. Foreign Direct Investment and "Spillover" Efficiency Benefits in Canadian Manufacturing Industries [J]. Canadian journal of economics, 1979, 12(1): 42 -56.

[151] GLORIA L G, DING D Z. A Strategic Analysis of Surging Chinese Manufacturers: The Case of Galanz [J]. Asia pacific journal of management, 2008, 25(4): 667 -683.

[152] GOLDBERG L G, GROSSE R. Location Choice of Foreign Banks in the United States [J]. Journal of economics and business, 1994, 46(5): 367 -379.

[153] GOLDBERG L G, SAUNDERS A. The Determinants of Foreign Banking Activity in the United States [J]. Journal of banking & finance, 1981, 5(1): 17 -32.

[154] GOLDBERG L G, JOHNSON D. The Determinants of US Banking Activity Abroad [J]. Journal of international money and finance, 1990, 9(2): 123 -137.

[155] GRANT R M. Toward a Knowledge - based Theory of the Firm [J]. Strategic management journal, 1996, 17(S2): 109 -122.

[156] GROSSMAN G M, HELPMAN E. Trade, Knowledge Spillovers, and Growth [J]. European economic review, 1991, 35(2 -3): 517 -526.

[157] GUILLÉN M F, GARCÍA - CANAL E. The American Model of the Multinational Firm and the "New" Multinationals from Emerging Economies [J]. Academy of management perspectives, 2009, 23(2): 23 -35.

[158] HÉBERT L, VERY P, BEAMISH P W. Expatriation as a Bridge Over Troubled Water: A Knowledge - based Perspective Applied to Cross - border Acquisitions [J]. Organization studies, 2005, 26(10): 1455 -1476.

[159] HÅKANSON L, NOBEL R. Organizational Characteristics and Re-

verse Technology Transfer [J]. Management international review, 2001, 41(4): 395 –420.

[160]HAMBRICK D C, CANNELLA A A. Relative Standing: A Framework for Understanding Departures of Acquired Executives [J]. Academy of management journal, 1993, 36(4): 733 –762.

[161]HENISZ W J, ZELNER B A. Legitimacy, Interest Group Pressures, and Change in Emergent Institutions: The Case of Foreign Investors and Host Country Governments [J]. Academy of management review, 2005, 30(2): 361 –382.

[162]HILL C W, HWANG P, KIM W C. An Eclectic Theory of the Choice of International Entry Mode [J]. Strategic management journal, 1990, 11(2): 117 –128.

[163]HITT M A, DACIN M T, LEVITAS E, et al. Partner Selection in Emerging and Developed Market Contexts: Resource – Based and Organizational Learning Perspectives [J]. Academy of management journal, 2000, 43(3): 449 –467.

[164]HITT M A, HOSKISSON R E, KIM H. International Diversification: Effects on Innovation and Firm Performance in Product – diversified Firms [J]. Academy of management journal, 1997, 40(4): 767 –798.

[165]HOLMES R M, MILLER T, HITT M A, et al. The Interrelationships Among Informal Institutions, Formal Institutions, and Inward Foreign Direct Investment [J]. Journal of management, 2013, 39(2): 531 –566.

[166]HOSKISSON R E, EDEN L, LAU C M, et al. Strategy in Emerging Economies [J]. Academy of management journal, 2000, 43(3): 249 –267.

[167]HOSKISSON R E, KIM H, WHITE R E, et al. A framework for Understanding International Diversification by Business Groups from Emerging Economies [M]//HITT M, CHENG J. Advances in International Management. Amsterdam: Elsevier, 2004.

[168]HYMER S. The International Operations of National Firms: A study of Direct Foreign Investment [M]. Cambridge: MIT Press, 1976.

[169]IMF. Global Financial Stability Report: Market Developments and Issues [R]. Washington D. C.: International Monetary Fund, 2004.

[170]IMF. World Economic Outlook: Too Slow for Too Long [R]. Washington D. C.: International Monetary Fund, 2016.

[171]IWASA T, ODAGIRI H. Overseas R&D, Knowledge Sourcing, and Patenting: An Empirical Study of Japanese R&D Investment in the US [J]. Research policy, 2004, 33(5): 807 - 828.

[172]JACOB J, SZIRMAI A. International Knowledge Spillovers to Developing Countries: The Case of Indonesia [J]. Review of development economics, 2007, 11(3): 550 - 565.

[173]JACOBS J. The Economy of Cities [M]. New York: Vintage, 1969.

[174]JAFFE A B, TRAJTENBERG M, HENDERSON R. Geographic Localization of Knowledge Spillovers as Evidenced by Patent Citations [J]. Quarterly journal of economics, 1993, 108(3): 577 - 598.

[175]JAIN S C. Emerging Economies and the Transformation of International Business: Brazil, Russia, India and China (BRICs) [M]. UK: Edward Elgar Publishing, 2006.

[176]JEAN R - J B, DENG Z, KIM D, et al. Assessing Endogeneity Issues in International Marketing Research [J]. International marketing review, 2016, 33(3): 483 - 512.

[177]JOHANSON J, VAHLNE J E. The Internationalization Process of the firm: A Model of Knowledge Development and Increasing Foreign Market Commitments [J]. Journal of international business studies, 1977, 8(1): 23 - 32.

[178]JOHANSON J, VAHLNE J E. The Mechanism of Internationalisation [J]. International marketing review, 1990, 7(4): 11 - 24.

[179]JOHANSON J, WIEDERSHEIM - PAUL F. The Internationalization

of the firm:Four Swedish Cases [J]. Journal of management studies, 1975, 12 (3): 305 -323.

[180]JORDAAN J A. Determinants of FDI - induced Externalities: New Empirical Evidence for Mexican Manufacturing Industries [J]. World development, 2005, 33(12): 2103 -2118.

[181] KAMOCHE K. Knowledge Creation and Learning in International HRM [J]. International journal of human resource management, 1997, 8(2): 213 -225.

[182]KELLER W. Trade and the Transmission of Technology [J]. Journal of economic growth, 2002, 7(1): 5 -24.

[183]KINDLEBERGER C P. International Banks as Leaders or Followers of International Business: An Historical Perspective [J]. Journal of banking & finance, 1983, 7(4): 583 -595.

[184] KINDLEBERGER C P. World Economic Primacy: 1500 - 1990 [M]. UK: Oxford University Press, 1996.

[185]KLIMEK A. Greenfield Foreign Direct Investment Versus Cross - border Mergers and Acquisitions: The Evidence of Multinational Firms from Emerging Countries [J]. Eastern European economics, 2011, 49(6): 60 -73.

[186]KHANNA T, PALEPU K. Emerging Giants: Building World Class Companies from Emerging Markets [J]. Harvard business review, 2004, 80 (10): 60 -69.

[187]KOGUT B, CHANG S J. Technological Capabilities and Japanese Foreign Direct Investment in the United States [J]. The review of economics and statistics, 1991, 73(3): 401 -413.

[188]KOGUT B, ZANDER U. Knowledge of the Firm and the Evolutionary Theory of the Multinational Corporation [J]. Journal of international business studies, 1993, 24(4): 625 -645.

[189]KOKKO A. Foreign Direct Investment, Host Country Characteristics

and Spillovers [D]. Stockholm School of Economics, 1992.

[190]KOSTOVA T. Success of the Transnational Transfer of Organizational Practices within Multinational Companies [M]. University of Minnesota, 1996.

[191]KOSTOVA T. Transnational Transfer of Strategic Organizational Practices: A Contextual Perspective [J]. Academy of management review, 1999, 24(2): 308 -324.

[192]KOSTOVA T, ROTH K. Adoption of an Organizational Practice by Subsidiaries of Multinational Corporations: Institutional and Relational Effects [J]. Academy of management journal, 2002, 45(1): 215 -233.

[193]KOSTOVA T, ZAHEER S. Organizational Legitimacy Under Conditions of Complexity: The Case of the Multinational Enterprise [J]. Academy of management review, 1999, 24(1): 64 -81.

[194]KUMAR V, SUBRAMANIAN V. A Contingency Framework for the Mode of Entry Decision [J]. Journal of world business, 1997, 32(1): 53 -72.

[195]KUMAR N. Globalization, Foreign Direct Investment and Technology Transfers: Impacts on and Prospects for Developing Countries [M]. New York: Routledge, 1998.

[196]KUMAR N. How Emerging Giants are Rewriting the Rules of M&A [J]. Harvard business review, 2009, 87(5): 115 -121.

[197]LANDES D. The Wealth and Poverty of Nations: Why Some are So Rich and Some So Poor [M]. New York: W. W. Norton, 1999.

[198]LANE P J, LUBATKIN M. Relative Absorptive Capacity and Interorganizational Learning [J]. Strategic management journal, 1998, 19(5): 461 -477.

[199]LANE P J, SALK J E, LYLES M A. Absorptive Capacity, Learning, and Performance in International Joint Ventures [J]. Strategic management journal, 2001, 22(12): 1139 -1161.

[200]LEIBENSTEIN H. Allocative Efficiency vs. "X - efficiency" [J].

American economic review, 1966, 56(3): 392 -415.

[201] LEVINE R. Financial Development and Economic Growth: Views and Agenda [J]. Journal of economic literature, 1997, 35(2): 688 -726.

[202] LI H, ZHANG Y, LYLES M. Knowledge Spillovers, Search, and Creation in China's Emerging Market [J]. Management and organization review, 2013, 9(3): 395 -412.

[203] LI J, LI Y, SHAPIRO D. Knowledge Seeking and Outward FDI of Emerging Market Firms: The Moderating Effect of Inward FDI [J]. Global strategy journal, 2012, 2(4): 277 -295.

[204] LI P P. Toward an Integrated Theory of Multinational Evolution: The Evidence of Chinese Multinational Enterprises as Latecomers [J]. Journal of international management, 2007, 13(3): 296 -319.

[205] LICHTENBERG F, DE LA POTTERIE B V P. International R&D Spillovers: A Re - examination [C]. National Bureau of Economic Research Working Paper, 1996.

[206] LIU X, BUCK T. Innovation Performance and Channels for International Technology Spillovers: Evidence from Chinese High - tech Industries [J]. Research policy, 2007, 36(3): 355 -366.

[207] LIU X, LU J, FILATOTCHEV I, et al. Returnee Entrepreneurs, Knowledge Spillovers and Innovation in High - tech Firms in Emerging Economies [J]. Journal of international business studies, 2010, 41(7): 1183 -1197.

[208] LIU X, SILER P, WANG C, et al. Productivity Spillovers from Foreign Direct Investment: Evidence from UK Industry Level Panel Data [J]. Journal of international business studies, 2000, 31(3): 407 -425.

[209] LIU Z. Foreign Direct Investment and Technology Spillovers: Theory and Evidence [J]. Journal of development economics, 2008, 85 (1): 176 -193.

[210] LOS B, VERSPAGEN B. R&D Spillovers and Productivity: Evidence

from US Manufacturing Microdata [J]. Empirical economics, 2000, 25(1): 127-148.

[211]LOZANO-VIVAS A, PASIOURAS F. The Impact of Non-traditional Activities on the Estimation of Bank Efficiency: International Evidence [J]. Journal of banking & finance, 2010, 34(7): 1436-1449.

[212]LUCAS R E. On the Mechanics of Economic Development [J]. Journal of monetary economics, 1988, 22(1): 3-42.

[213]LUO Y, TUNG R L. International Expansion of Emerging Market Enterprises: A Springboard Perspective [J]. Journal of international business studies, 2007, 38(4): 481-498.

[214]LUO Y, XUE Q, HAN B. How Emerging Market Governments Promote Outward FDI: Experience from China [J]. Journal of world business, 2010, 45(1): 68-79.

[215]MAKINO S, LAU C M, YEH R-S. Asset-exploitation Versus Asset-seeking: Implications for Location Choice of Foreign Direct Investment from Newly Industrialized Economies [J]. Journal of international business studies, 2002, 33(3): 403-421.

[216]MARANO V, TASHMAN P, KOSTOVA T. Escaping the Iron Cage: Liabilities of Origin and CSR Reporting of Emerging Market Multinational Enterprises [J]. Journal of international business studies, 2017, 48(4): 386-408.

[217]MARKUSEN J R. The Boundaries of Multinational Enterprises and the Theory of International Trade [J]. Journal of economic perspectives, 1995, 9(2): 169-189.

[218]MARQUIS C. The Pressure of the Past: Network Imprinting in Intercorporate Communities [J]. Administrative science quarterly, 2003, 48(4): 655-689.

[219]MARSHALL A. Principles of Economics: An Introductory Volume [M]. London: Macmillan, 1890.

[220]MATHEWS J A. Dragon Multinationals: New Players in 21st Century Globalization [J]. Asia Pacific journal of management, 2006, 23(1): 5 -27.

[221]MAUDOS J, PASTOR J M, PEREZ F, et al. Cost and Profit Efficiency in European Banks [J]. Journal of international financial markets, institutions and money, 2002, 12(1): 33 -58.

[222]MEYER J W, ROWAN B. Institutionalized Organizations: Formal Structure as Myth and Ceremony [J]. American journal of sociology, 1977, 83 (2): 340 -363.

[223]MEYER K E, ESTRIN S, BHAUMIK S K, et al. Institutions, Resources, and Entry Strategies in Emerging Economies [J]. Strategic management journal, 2009, 30(1): 61 -80.

[224]MILLER A T, HOLMES K R, FEULNER E J, et al. 2014 Index of Economic Freedom [R]. Washington D. C. & New York: The Heritage Foundation & The Wall Street Journal, 2014.

[225]MILLER S M, NOULAS A G. The Technical Efficiency of Large Bank Production [J]. Journal of banking & finance, 1996, 20(3): 495 -509.

[226]MILLER S R, EDEN L. Local Density and Foreign Subsidiary Performance [J]. Academy of management journal, 2006, 49(2): 341 -355.

[227]MILLER S R, PARKHE A. Is There a Liability of Foreignness in Global banking? An Empirical Test of Banks' X - efficiency [J]. Strategic management journal, 2002, 23(1): 55 -75.

[228]MILLER S R, THOMAS D E, EDEN L, et al. Knee Deep in the Big Muddy: The Survival of Emerging Market Firms in Developed Markets [J]. Management international review, 2008, 48(6): 645 -666.

[229]MISHKIN S, CLOVER C. Intel Turns to Chinese Tablet Makers [N]. Financial Times, 2014 -04 -14.

[230]MUTINELLI M, PISCITELLO L. Foreign Direct Investment in the Banking Sector: The Case of Italian Banks in the '90s [J]. International busi-

ness review, 2001, 10(6): 661 -685.

[231]NARULA R. Globalization, New Ecologies, New Zoologies, and the Purported Death of the Eclectic Paradigm [J]. Asia Pacific journal of management, 2006, 23(2): 143 -151.

[232]NORTH D C. Institutions [J]. Journal of economic perspectives, 1991, 5(1): 97 -112.

[233]OWEN - SMITH J, POWELL W W. Knowledge Networks as Channels and Conduits: The Effects of Spillovers in the Boston Biotechnology Community [J]. Organization science, 2004, 15(1): 5 -21.

[234]PAN Y, TSE D K. The Hierarchical Model of Market Entry Modes [J]. Journal of international business studies, 2000, 31(4): 535 -554.

[235]PARK J - Y, HARRIS S. Microfoundations for Learning Within International Joint Ventures [J]. International business review, 2014, 23(3): 490 -503.

[236]PARK S H, LI S, TSE D K. Market Liberalization and Firm Performance During China's Economic Transition [J]. Journal of international business studies, 2006, 37(1): 127 -147.

[237]PARK S H, LUO Y. Guanxi and Organizational Dynamics: Organizational Networking in Chinese Firms [J]. Strategic management journal, 2001, 22(5): 455 -477.

[238]PENG M W, HEATH P S. The Growth of the Firm in Planned Economies in Transition: Institutions, Organizations, and Strategic Choice [J]. Academy of management review, 1996, 21(2): 492 -528.

[239]PENG M W, LUO Y. Managerial Ties and Firm Performance in a Transition Economy: The Nature of a Micro - macro Link [J]. Academy of management journal, 2000, 43(3): 486 -501.

[240]PETERSEN B, PEDERSEN T. Coping with Liability of Foreignness: Different Learning Engagements of Entrant Firms [J]. Journal of international

management, 2002, 8(3): 339 –350.

[241] PETROU A. Multinational Banks from Developing Versus Developed Countries: Competing in the Same Area? [J]. Journal of international management, 2007, 13(3): 376 –397.

[242] PORTER M E. Competitive Stratey: Techniques for Analyzing Industries and Competitors [M]. New York: Free Press, 1980.

[243] RAMAMURTI R. What Is Really Different About Emerging Market Multinationals? [J]. Global strategy journal, 2012, 2(1): 41 –47.

[244] RAMAMURTI R, SINGH J V. Emerging Multinationals in Emerging Markets [M]. Cambridge: Cambridge University Press, 2009.

[245] RHODES W R. Emerging Markets are Fuelling Financial Market Risks [N]. Financial Times, 2015 –10 –26.

[246] ROMER P M. Increasing Returns and Long – run Growth [J]. Journal of political economy, 1986, 94(5): 1002 –1037.

[247] ROMER P M. Endogenous Technological Change [R]. Journal of political economy, 1990.

[248] ROOT F R. Entry Strategies for International Markets [M]. California: Jossey – Bass, 1998.

[249] ROSENGREN E S, JORDAN J S. Building an Infrastructure for Financial Stability: An Overview [J]. New England economic review, 2000, 11 (Novermber/December): 3 –16.

[250] ROSENZWEIG P M, SINGH J V. Organizational Environments and the Multinational Enterprise [J]. Academy of management review, 1991, 16 (2): 340 –361.

[251] RUGMAN A M. A Test of Internalization Theory [J]. Managerial and decision economics, 1981, 2(4): 211 –220.

[252] RUGMAN A M, VERBEKE A. Subsidiary – specific Advantages in Multinational Enterprises [J]. Strategic management journal, 2001, 22(3):

237 –250.

[253] RUGMAN A M, VERBEKE A. A New Perspective on the Regional and Global Strategies of Multinational Services Firms [J]. Management international review, 2008, 48(4): 397 –411.

[254] RUI H, YIP G S. Foreign Acquisitions by Chinese firms: A Strategic Intent Perspective [J]. Journal of world business, 2008, 43(2): 213 –227.

[255] SALOMON R, WU Z. Institutional distance and local isomorphism strategy [J]. Journal of international business studies, 2012, 43 (4): 343 –367.

[256] SCHMIDT P, LOVELL C K. Estimating Technical and Allocative Inefficiency Relative to Stochastic Production and Cost Frontiers [J]. Journal of econometrics, 1989, 9(3): 343 –366.

[257] SCOTT W R. Organizations and Institutions [M]. Thousand Oaks, California: Sage, 1995.

[258] SEALEY C W, LINDLEY J T. Inputs, Outputs, and a Theory of Production and Cost at Depository Financial Institutions [J]. Journal of finance, 1977, 32(4): 1251 –1266.

[259] SERAPIO M G, DALTON D H. Globalization of Industrial R&D: An Examination of Foreign Direct Investments in R&D in the United States [J]. Research policy, 1999, 28(2): 303 –316.

[260] SHAN W, SONG J. Foreign Direct Investment and the Sourcing of Technological Advantage: Evidence from the Biotechnology Industry [J]. Journal of international business studies, 1997, 28(2): 267 –284.

[261] SHARMA D D, JOHANSON J. Technical Consultancy in Internationalisation [J]. International marketing review, 1987, 4(4): 20 –29.

[262] SHINKLE G A, KRIAUCIUNAS A P. Institutions, Size and Age in Transition Economies: Implications for Export Growth [J]. Journal of international business studies, 2010, 41(2): 267 –286.

[263]SIMONIN B L. Ambiguity and the Process of Knowledge Transfer in Strategic Alliances [J]. Strategic management journal, 1999, 20(7): 595-623.

[264]SIRMON D G, HITT M A, IRELAND R D. Managing Firm Resources in Dynamic Environments to Create Value: Looking Inside the Black Box [J]. Academy of management review, 2007, 32(1): 273-292.

[265]SLAGER A. Internationalization of Banks: Strategic Patterns and Performance [M]. Vienna: SUERF, 2005.

[266]SONG J, ALMEIDA P, WU G. Learning-by-hiring: When is Mobility More Likely to Facilitate Interfirm Knowledge Transfer? [J]. Management science, 2003, 49(4): 351-365.

[267]SORENSON O, STUART T E. Syndication Networks and the Spatial Distribution of Venture Capital Investments [J]. American journal of sociology, 2001, 106(6): 1546-1588.

[268]SPENCER J W. Global Gatekeeping, Representation, and Network Structure: A Longitudinal Analysis of Regional and Global Knowledge-diffusion Networks [J]. Journal of international business studies, 2003, 34(5): 428-442.

[269]SPENCER J W. The Impact of Multinational Enterprise Strategy on Indigenous Enterprises: Horizontal Spillovers and Crowding Out in Developing Countries [J]. Academy of management review, 2008, 33(2): 341-361.

[270]SUCHMAN M C. Managing Legitimacy: Strategic and Institutional Approaches [J]. Academy of management review, 1995, 20(3): 571-610.

[271]TAN L. The Paradox of Catching Up: Rethinking State-led Economic Development [M]. UK: Palgrave Macmillan, 2005.

[272]TEECE D J. Profiting from Technological Innovation: Implications for Integration, Collaboration, Licensing and Public Policy [J]. Research policy, 1986, 15(6): 285-305.

[273] TERPSTRA V C M. Determinants of Foreign Investment of U. S. Advertising Agencies [J]. Journal of international business studies, 1988, 19(1): 33 – 47.

[274] THORPE J, PRAKASH – MANI K. Developing Value: The Business Case for Sustainability in Emerging Markets [J]. Greener management international, 2003, 11(44): 17 – 32.

[275] TIAN X. Accounting for Sources of FDI Technology Spillovers: Evidence from China [J]. Journal of international business studies, 2007, 38(1): 147 – 159.

[276] TSANG E W. A Preliminary Typology of Learning in International Strategic Alliances [J]. Journal of world business, 1999, 34(3): 211 – 229.

[277] TSCHOEGL A E. FDI and Internationalization: Evidence from US Subsidiaries of Foreign Banks [J]. Journal of international business studies, 2002, 33(4): 805 – 815.

[278] UNCTAD. World Investment Report 2024: Investment facilitation and digital government [R]. Switzerland: UNCTAD, 2024.

[279] VERNON R. International Investment and International Trade in the Product Cycle [J]. Quarterly journal of economics, 1966, 80(2): 190 – 207.

[280] VIVES X. Banking and Regulation in Emerging Markets: The Role of External Discipline [J]. World bank research observer, 2006, 21 (2): 179 – 206.

[281] WANG C, DENG Z, KAFOUROS M I, et al. Reconceptualizing the Spillover Effects of Foreign Direct Investment: A Process – dependent Approach [J]. International business review, 2012, 21(3): 452 – 464.

[282] WEILL L. On the Relationship Between Competition and Efficiency in the EU Banking Sectors [J]. Kredit und kapital, 2004, 36(1): 329 – 352.

[283] WELCH L S, LUOSTARINEN R. Internationalization: Evolution of a Concept [J]. Journal of general management, 1988, 14(2): 34 – 55.

[284]WELLS L T. Third World Multinationals: The Rise of Foreign Investments from Developing Countries [M]. Cambridge: MIT Press, 1983.

[285]WILLIAMS A M. International Labour Migration and Tacit Knowledge Transactions: A Multi - level Perspective [J]. Global networks, 2007, 7(1): 29 - 50.

[286]WILLIAMSON P J, RAMAN A P. How China Reset Its Global Acquisition Agenda [J]. Harvard business review, 2011, 89(4): 109 - 114.

[287]WITT M A, LEWIN A Y. Outward Foreign Direct Investment as Escape Response to Home Country Institutional Constraints [J]. Journal of international business studies, 2007, 38(4): 579 - 594.

[288]WOODCOCK C P, BEAMISH P W, MAKINO S. Ownership - based Entry Mode Strategies and International Performance [J]. Journal of international business studies, 1994, 25(2): 253 - 273.

[289]WOOLDRIDGE J M. Econometric Analysis of Cross Section and Panel Data [M]. Cambridge: MIT Press, 2010.

[290]WRIGHT M, FILATOTCHEV I, HOSKISSON R E, et al. Strategy Research in Emerging Economies: Challenging the Conventional Wisdom [J]. Journal of management studies, 2005, 42(1): 1 - 33.

[291]XU D, PAN Y, BEAMISH P W. The Effect of Regulative and Normative Distances on MNE Ownership and Expatriate Strategies [J]. Management international review, 2004, 44(3): 285 - 308.

[292]XU D, SHENKAR O. Note: Institutional Distance and the Multinational Enterprise [J]. Academy of management review, 2002, 27(4): 608 - 618.

[293]XU K, HITT M A. Entry Mode and Institutional Learning: A Polycentric Perspective [M]//TIHANYI L, DEVINNEY T M, PEDERSEN T. Institutional Theory in International Business and Management. UK: Emerald, 2012.

[294]YAMIN M, OTTO J. Patterns of Knowledge Flows and MNE Innova-

tive Performance [J]. Journal of international management, 2004, 10(2): 239 -258.

[295]YANG H, PHELPS C, STEENSMA H K. Learning from What Others Have Learned from You: The Effects of Knowledge Spillovers on Originating Firms [J]. Academy of management journal, 2010, 53(2): 371 -389.

[296]YANG Y. Chinese Banks Begin Raising Capital for Debt - for - equity Swaps [N]. Financial Times, 2016 -10 -25.

[297]YOUNG S, HAMILL J, WHEELER C, et al. International Market Entry and Development: Strategies and Management [M]. UK: Harvester Wheatsheaf, 1989.

[298]ZAHEER S. Overcoming the liability of foreignness [J]. Academy of management journal, 1995, 38(2): 341 -363.

[299]ZANDER U, KOGUT B. Knowledge and the Speed of the Transfer and Imitation of Organizational Capabilities: An Empirical Test [J]. Organization science, 1995, 6(1): 76 -92.

[300]ZHANG Y, LI H, LI Y, et al. FDI Spillovers in an Emerging Market: The Role of Foreign Firms' Country Origin Diversity and Domestic Firms' Absorptive Capacity [J]. Strategic management journal, 2010, 31(9): 969 -989.

[301]ZUCKER L G. Organizations as Institutions [J]. Research in the sociology of organizations, 1983, 2(1): 1 -47.

重要术语索引

后　记

随着新兴经济体在全球经济发展中的地位越来越高，新兴经济体银行在国际金融市场上的活跃度和参与度也越来越高。与拥有悠久发展历史的发达经济体国际金融集团相比，这些新兴经济体商业银行的国际化起步较晚，在创新能力、业务能力和经营效率水平方面的竞争力都较弱。相较于传统的市场扩张型银行国际化战略，新兴经济体银行国际化往往存在知识寻求型国际化扩张的特点，到资源禀赋较丰富的发达市场获得相应的知识或者技术“反哺”。本书以新兴经济体银行海外子行为研究对象，从不同东道国市场、不同知识来源对新兴经济体商业银行在国际化中的逆向知识溢出进行分析。

本书为笔者在博士研究生期间的主要研究成果。本书的研究与出版得到了西北大学“双一流”建设项目的资助。最后，感谢中国经济出版社在本书出版过程中提供的支持与帮助！谨以此专著献给国际商务研究的同行，以及银行实践领域的从业者们。

原晓惠

西北大学

资助项目名称

1. 西北大学“双一流”建设项目

2. 教育部人文社会科学研究青年基金项目（项目编号：24YJC790224）

3. 陕西省社会科学基金年度项目（项目编号：2024D036）

4. 陕西省自然科学基础研究计划一般项目（项目编号：2025JC－YBQN－977）